Les transformations silencieuses

지은이

프랑수아 줄리앙 François Jullien

1951년 출생한 프랑스 철학자로서 유럽 사유와 중국 사유의 간극을 통해 철학의 새로운 가능성을 열었다. 현재 탈합치와
실존의 사유를 펼치고 있다. 파리7대학 교수, 프랑스 파리국제철학원 원장, 프랑스 중국학협회 회장, 프랑스 인문과학재단
교수 등을 역임했으며, 전 세계에서 가장 많은 언어로 번역되고 있는 현대 철학자 중 한 명이다.

옮긴이

이근세

경희대 철학과를 졸업하고 벨기에 루뱅대 철학고등연구소(ISP)에서 스피노자 철학과 모리스 블롱델의 철학 연구로 박사학위
를 취득했다. 브뤼셀 통·번역대학교(ISTI) 강사를 역임하고 귀국했다. 현재 국민대 교양대학 교수이자 동 대학 교양교육설계연구
소장으로 재직하고 있다. 주요 저서로 『효율성, 문명의 편견』(2014), 『철학의 물음들』(2017), 『스피노자, 욕망의 기하학』(2022) 등
이 있고, 역서로 『스피노자와 도덕의 문제』(2003), 『변신론』(2014), 『전략』(2015), 『문화적 정체성은 없다』(2020), 『탈합치』(2021)
등이 있다.

철학의 정원 57

고요한 변화

초판1쇄 펴냄 2023년 6월 16일
초판2쇄 펴냄 2023년 7월 19일

지은이 프랑수아 줄리앙
옮긴이 이근세
펴낸이 유재건
펴낸곳 (주)그린비출판사
주소 서울시 마포구 와우산로 180, 4층
대표전화 02-702-2717 | **팩스** 02-703-0272
홈페이지 www.greenbee.co.kr
원고투고 및 문의 editor@greenbee.co.kr

편집 이진희, 구세주, 송예진, 김아영 | **디자인** 권희원, 이은솔
마케팅 육소연 | **물류유통** 유재영, 류경희 | **경영관리** 유수진

ISBN 978-89-7682-789-0 03160

독자의 학문사변행學問思辨行을 돕는 든든한 가이드 _(주)그린비출판사

고요한 변화

프랑수아 줄리앙 지음

이근세 옮김

그린비

고요한 변화의 탐색가 피에르 줄리앙에게

2008년 10월 10일

일러두기

1 이 책은 François Jullien, *Les transformation silencieuses*, Paris : GRASSET, 2009를 완역한 것이다.

2 이 책에 나오는 각주는 모두 원주이며, 원주에 추가된 옮긴이 주는 (—옮긴이)로 표시하였다.

서문

필경 명백하게 우리 눈앞에 쉼 없이 일어나는 가장 실효實效한 일이지만, 그럼에도 불구하고 그것이 보이지 않는 사태는 어디서 비롯하는가?

당연히 실효하다. 결국 이 사태에서 실재의 효과가 가장 적나라하게 느껴지며 우리의 전면에 닥치는 한 그렇다. 왜냐하면 내면의 은밀한 심리와 관련한 비가시성이나 감정에 속하는 비가시성도, 철학이 감각의 차원과 다른 본질로서 즉각 결정한 이데아들의 비가시성도 관건이 아니기 때문이다. 그런 것이 아니다. 내가 말하는 비가시성은 '현상' 특유의 것으로서 현상의 역설을 이루는 것이다. 즉, 비가시성은 멈춤 없이 일어나고 우리 앞에 가장 공공연히 나타나지만, 극히 끊임없이 전체에 걸쳐 이루어지는바, 분간되지는 않는 것이다. 이런 현상은 그 느림 때문에 구분하기에는 은미한 동시에 너무 펼쳐져 있다. 이 현상의 출현으로 인한, 시선을 가로막을 정도의 갑작스러운 눈부심은 없다. 반대로 가장 평범한 일일 뿐이다. 시각에 주어진 이 모든 곳과 모든 시간은 바로 이런 사태 자체로 인해 결코 지각되지 않으며 우리는 그 결과를 확인할 뿐이다.

성장——우리는 나무가 자라고 아이들이 자라는 것을 보지 못한다. 나무와 아이들을 볼 때, 어느새 줄기가 아주 묵직해졌고 아이의 눈높이가 우리의 어깨까지 올라온 것에 어느 날 놀랄 뿐이다. 늙음——우리는 우리가 늙는 것을 보지 못한다. 이는 우리가 끊임없이 늙고 있고 이 늙음은 도드라져 드러나기에는 너무 조금씩 꾸준히 진행 중이기 때문만이 아니라, 우리 안의 모든 것이 늙기 때문이기도 하다. 모든 것이 늙는다. 흰머리가 생길 뿐 아니라 눈 밑이 처지고, 눈 밑 주름은 패이며, 윤곽은 뭉툭해지고, 몸매는 둔중해지며, 얼굴은 '회반죽'처럼 된다. 또한 얼굴빛이 변하고, 피부는 트며, 살은 처지는 동시에 수축되는 등, 말하자면 끝도 없지만 이쯤 해두자. 극히 오래 전부터 늙음은 전 세계의 문학에서 아이러니나 연민과 함께 묘사되었다. 또한 열거가 아무리 길어도 결코 이 전체에 이르지는 못할 것이다. '전체'는 아무것도 피해가지 못함을 뜻한다. 시선도 늙고, 미소, 음색, 손짓 등 모든 것이 기울어지며, 물론 프루스트Marcel Proust가 말하듯이 우리의 '자세'도 발에 붙은 납 밑창과 함께 늙는다.

그런데 **모든 것**이 변하고 그 무엇도 여기서 분리될 수 없기 때문에, 생성 중이면서 나아가 우리 눈앞에 펼쳐진 이 명백함은 보이지 않는다. 어쩌면 어느 날 아침 관자놀이 쪽 흰머리 몇 개를 징후처럼 발견했다고 해도 그것들은 결국 지엽말단에 불과하다. 왜냐하면 어느 날 사람들이 버스에서 자리를 양보하기 위해 일어서게 하는 것은 흰머리가 아니기 때문이다. 그런 것이 아니다. 우리를 늙어 보이게 하는 것은 '분위기' 즉, 모든 것이고 모든 곳이다. 성형수술을 믿는 사람들이라면 이에 대해 실마리를 잡을 수 있을 것이다. 얼굴 위 눈 언저리 한 곳의 늙음을 고침으로써, 그들은 구부러진 등이나 목소리의 활기 없는 음색과의 대조를 통해 늙음이 더 명백하도록 만든다. 결국 흰머리가 몇 개 늘어난 것은 작동이 보이지 않는 '고요한 변화'의 조금 더 두드러진 우연한 단서일 뿐이다.

　실제로 이와 관련하여 '고요'는 비가시보다 더 정확하며, 나아가 더 많은 것을 말해 준다. 왜냐하면 작동 중의 변화를 우리는 지각하지 못할 뿐 아니라, 이 변화는 예고도 경고도 없이 '고요하게' 그 자체로 이루어지기 때문이다. 이 변화는 눈에 띄지 않고 마치 우리와 무관하게, 이를테면 우리를 성가시게 하려는 것도 없이 이루어진다. 이 변화가 우리를 파괴하는 데 이를 정도로 진행되는데도, 심지어 우리 안에서 일어남에도 불구하고 말이다. 그 후 어느 날 20년 전의 사진을 맞닥뜨리면서 갑자기 사로잡히는 혼란은 억누를 수 없는 것이다. 탐색의 시선은 질문 속에 묻힌다. 이 얼굴이 어떻게 나일 수 있는가? 이것은 '나'가 아니다. 하지만 나와 다른 누구인가? 물론 이목구비를 끈기 있게 다시 조합해 보면서 나는 조금씩 나를 알아보지만, 단지 우회를 통해 극히 낯선 방식으로 알아볼 뿐이다. 이 당혹스러운 시선 아래 '나'는 해체된다. 또는 수년 전부터 다시 보지 못한 동료를 만났을 때, "그는 아직 과거의 것을 간직하고 있었지만, 그럼에도 불구하고 나는 그가 그 동료라는 것을 이해할 수 없었다"(프루스트, 『되찾은 시간』의 끝부분).

---

1 마르셀 프루스트, 『되찾은 시간』(*Le temps retrouvé*), Pléiade, 1954, III, p.941.

문학은 게르망트 공작 부인 저택에서의 마지막 아침 때처럼 이런 점을 원하는 대로 그려 내면서 철학에 설욕한다. 왜냐하면 문학은 (유럽) 철학이 사유하지 않은 것을 드러내기 때문이다. 철학은 우리의 경험에 갑자기 출현한, 크게 열린 이 구멍을 방기했다. 물론 나는 동료를 마주치고 사진을 쳐다보면서 (그 동료이고 나라는 것을) 알지만, 동시에 나는 이를 믿지 못한다. (철학에 진입하게 하는 유명한 '의심'처럼) 내가 이를 의심한다고 주장하는 것이 아니다. 그렇지만 어떻게 그 점에 대해 동의하고 나를 설득하는 데 이를 것인가? 그렇다면 문학과 철학 사이에 이성이 다시 메우지 못하는 어떤 틈이 벌어졌는가? 어떤 두께, 또는 무엇의 두께가 여기서 저항을 일으키는가? 갑자기 돌출하여 우리를 당혹스럽게 하는 이 문제는 다른 가능한 모든 문제보다 우위의 것으로서 갑자기 우리에게 나타난다. 이 문제 때문에 우리는 가벼운 일상의 차원에서 사유의 흐름을 타기 시작했고 이것이 우리를 너무 멀리 끌고 갈 위험이 있음을 이미 예감한다. 그러나 이것이 사실상 유일하게 중요한 문제가 아닐까? 이 문제가 다른 문제들과 완전히 다른 깊이나 급진성을 갑자기 천착한다는 것은 여하튼 분명하다. 이 문제는 즉흥으로, 마치 부주의에 의해서처럼 다른 모든 진리보다 더 참된 것을 향해 열린다. 이는 가장 생생하고 가장 가까이 있으며 가장 덜 장황한 문제이다.

우리 앞에 드러나는 이 명백함은 부정할 수 없는 유일한 것이다. 나아가 모든 것을 그 혼미함으로 끌고 갈 수 있는 한에서 이 커다란 홈에 '계시'가 돌출한 것이지만, 이는 신비주의의 요청과 아무 관련이 없는 계시이다. '나는 늙었다.' 그러나 이 한마디로 늙었다는 것을 말하기에 충분한가? 오히려 이 말 한마디는 다른 모든 낱말보다 더 '많은 것을 품고' 있지 않은가? 왜냐하면 이제까지 고요했던 변화가 지금은 가장 명백하고, 그 결과로 인해 더욱 적나라하게 압도하며, 실재의 이 효과는 우리의 전면에 닥치기 때문이다. 따라서 이것은 '나'가 더 이상 없을 정도로 내 안에서 극히 암암리에 이루어지지만 나의 의식에 포착되지 않았던 것이다. 그리고 철학이 내세웠던 유명한 인식의 문제들을 아주 추상성이 강하고 대수롭지 않은 것으로 만들면서 갑자기 우리에게서 멀리 내쫓아 버린다.

차례

고요한 변화

1장 주체/행동과 다른 관점: 변화

편의상 나는 현대 철학을 분열시킨 경쟁 용어들을 우선 되돌아봄으로써 (20년 전 사진을 앞에 둔) 나의 놀라움을 더 차분히 설명하겠다. 이 놀라움은 갑자기 자신을 **운행과정**으로서 발견하고 이 운행과정에 잠겨 흡수되어 있음을 확인하는 **주체**의 놀라움일 것이다. 나는 나 자신이 **주체**라고 믿어 왔다. 즉 구상하고 원하며, 능동이거나 수동이지만 항상 자기 존재의 느낌을 유지하고 자신을 확보하는 결정권의 주체라고 믿어 왔다. 이 주체는 자신이 얽매인 외부나 내면의 상호작용들 전체에 잡혀 있지만, 그럼에도 불구하고 형이상학에 중요한 의미를 갖는 표현에 따라 말하자면, 자신을 계속해서 **자기원인** causa sui으로 여기는 주체인 것이다. 그런데 이와 같은 관점이 내 눈앞에서 갑자기 다른 관점으로 급격히 기운다. 흐름 또는 **연속**에 대한 다른 차원의 관점으로 전복되는 것이다. 이 경우 흐름 또는 연속의 안정성은 오직 구성요소들의 상관성, 즉 **자아**에 대한 고려 없이 이루어지는 구성요소들의 상관성에서 비롯할 뿐이다. 이런 상관성으로부터 자연스럽지만 지각 불가능한 방식으로 단절 없이 전반에 걸친 진화가 진행된다. 나는 바로 이 늙음이거나 늙음에 속한 어떤 것이다. 왜냐하면 노화는 내 존재의 어떤 특성이나 속성에 불과한 것이 아니며 나아가 내 존재의 안정성과 견고성에 가해져 점차 이루어진 변질도 아니기 때문이다. 오히려 노화는 전반에 스스로 펼쳐지는 합치된 연쇄이며 나는 이 연쇄 속에서 차례로 잇따르는 산물이다. 아마도 나는 이 연쇄에 대한 편리한 지표에 불과할지도 모른다. 20년 전의 사진 앞에서 갑자기 무너지는 것은 바로 **주체**의 효력이다. 물론 이는 주체 개념이 그릇되다거나 자율성과 자유라는 주체의 선택권을 포기해야 한다는 것이 아니라, 주체 개념의 적합성이 갑자기 한정된 채 드러남을 뜻하는 것이다. 20년 전의 이 자취 앞에 적나라하게 다시 돌출해 혼미함을 일으키는 다른 개념을 주체 개념은 너무 쉽게 덮어 버렸다.

이와 반대로 중국 사유처럼 다른 사유 전통은 '무위'無爲를, 그리고 원리로 정립된 주체의 후퇴를 지지하면서, 서양 사유 전통에 갑자기 부족해 보이는 이해 체계에 갑자기 민감해지게 한다. 어쨌든 중국 사유 전통은 이 혼란 속에서 방향을 잃지 않도록 중요한 관점을 우리에게 제공한다. 중국 사유 전통으로의 이동은 우리에게 유용할 수 있다. 왜냐하면 중국 사유 전통은 이런 논제에서 포기나 수동성을 주장하기는커녕 행동에 맞서 변화의 가치를 내세우며, 변화의 가치는 다름 아닌 **실효성**의 명목 그 자체로 내세워지기 때문이다. 실제로 행동과 변화는 정반대이지 않은가? **행동**은 국지局地 차원이고 (순간이 지속될 수 있을지라도) 순간이며 **지금 여기에**hic et nunc 개입하고 (여럿일 수 있는) 장본인으로서 주체를 가리킨다. 따라서 우리가 행동을 알아보게 되는 것은 그것이 사물들의 운행과 구별되기 때문이다. 우리는 주체가 행동하는 것을 보고 이를 하나의 이야기, 즉 영웅담으로 만들 수 있다. 반면 중국 사유가 강조하는 바에 따르면, **변화**는 전반에 걸쳐 조금씩 지속성 있게 일어나며, 여러 요소의 상호 관계에서 비롯한다. 변화에서는 '모든 것'이 변하기 때문에 결코 지각될 만큼 충분히 구별되지 않는다.[1] 우리는 밀이 익는 것을 보지 못하지만 익은 결과는 확인한다. 밀이 익으면 잘라야 한다.

　이 점에 대해서 그리스와 중국은 서로 완전히 반대이다. 이는 이정표가 극히 부족한 이 분석의 여정에서 우리에게 첫 번째 틈을 열어 주고 첫 번째 단초를 제공해 준다. 왜냐하면 그리스 쪽에서 아리스토텔레스가 말하는 자연phusis은 주체-행위자를 본따 구상되었기 때문이다. 자연은 '원하고', '겨냥하고', '착수하며', '능란하고', '목표'를 세운다. 그런데 중국의 현자나 전략가는 자연처럼 '변화시키려는' 바람을 나타낼 뿐이다('化'가 핵심 단어이다). 중국 전략가는 힘의 관계를 자신에게 이로운 쪽으로 조용히 기울게 하는 방식으로 시간을 두고 변화시킨다. 이어서 전략가가 전투에 개입하자마자, 적은 이미 패배해 더 이상 저항할 수 없는 채로 스스로 무너지게 된다. 중국 현자(군주)는 교훈을 전하고자 하거나 대놓고 지시하고 그것을 강요하거나, 경이로운 성과나 수훈으로 타인의 관심을 끌기는커녕 주위의 풍습을 고요하게 서서히 '변화'시키는 데 만족할 뿐이다. 단지 그의 태도의 본보기는 저절로 확산되고 그 실행만으로 나

1　프랑수아 줄리앙, 『효율성 논고』(*Traité de l'efficacité*), Grasset, 1996, chap.IV 참조.

날이 파급되면서 실제로 **영향을 미친다**. 이런 본보기는 사람들의 행동거지에 스며들어 부지불식간에 변화를 일으키는바, 교화를 위해 충분한 것이다. 요컨대 이런 본보기는 투영된 의도 없이 선에 물들어 가면서 퍼지고 번져 가기에 그 영향력은 그 자체로 전개되고 저항을 마주치지 않으면서 세상 끝까지 무진장하게 확장된다.

행동의 부대 현상은 결국 효과가 극히 미미하기 때문에, '행동'하려 하거나 반드시 위험을 무릅쓰고 맞서려 하거나 자신을 소모하는 대신에 자연처럼 '변화'시켜야 한다. 하지만 '모든 것'이 분위기의 영향 아래 조금씩, 가까운 곳부터 먼 곳까지 변화하고 있기 때문에 우리는 아무것도 식별하지 못한다. 따라서 묘사하고 이야기할 것이 아무것도 없다. 사람들은 당신을 찬양하지 않을 것이다. 영웅담도 서사시도 없다. 그만큼 나날이 퍼져 가는 은미한 영향은 중국 문사들이 물리도록 되풀이해 말했던 것처럼, 모든 인위성 그리고 영웅의 행동이나 구원에 대한 가르침으로 이루어진 야단법석보다 결국 더 실효성이 있지 않은가?[2] 실제로 우리는 도처의 모든 면에서 이런 유익한 운행과정의 결과, 즉 개인의 도덕 및 주체의 선택과 대비되어 주위의 조건을 일컫는 '풍습'mores을 헤아릴 것이기 때문이다. 나아가 평온하고 믿음직하며, 비난이 없는 가운데 한 나라의 '분위기'(國風)를 형성하는 환경 속에서 이런 결과가 느껴지지 않겠는가? 그것은 백성들의 일과 중에 신뢰와 화합 속으로 퍼져 나가는 평화로운 시기의 반영으로서 노래로 들리게 되지 않을까? 물론

---

2 예를 들어 『중용』中庸, 11장.

여기에는 눈길을 끌거나 장렬한 것은 전혀 없다. 하지만 서양의 서사시 일리아드와 오디세이에 상당하는 중국의 가장 오래된 문학 텍스트인 『시경』詩經은 이천 년 동안 그렇게 읽혔다.[3]

다른 곳에서 전개된 정합성의 어떤 상이한 가능성이 유럽에서 방기되었는가? 그것은 오늘날 우리가 따라잡기 시작해야 하는 정합성의 가능성이다. 주체, 행동, 그리고 우선 형이상학에 의해 가지계로 승격된 비가시의 차원에 대한 자기 고유의 선택에 올라탄 서구 이성은 갑자기 놀라움에 휩싸이고 자연 질서로의 이 중대한 복귀 앞에서 순진하게 결핍된 상태로 나타나는 것 같다. 오늘날의 의제인 기후온난화가 그렇지 않은가? 특히 기후온난화야말로 '고요한 변화'의 전형이 아니면 무엇이겠는가? 우리는 차츰 작동하는 영향들의 **은미함**에 충분히 주의를 기울일 줄 몰랐으므로 이 은미함 역시 갑자기, 그리고 이번에는 한꺼번에 우리 전면에 닥친다. 또는 더 정확히 말하자면, 우리는 이런 은미함을 사유할 **적절한**ad hoc 범주들을 갖추고 있지 않기 때문에 지금까지 그것에 주의를 기울일 줄 몰랐던 것이다. 실제로 기후온난화는 나날이 초단위로 극미하게 이루어지고 여러 요소의 무한정한 상호 관계에 속하며, 심지어 별개의 현상으로서 식별될 수도 없고 지구의 '모든 것'과 관련되는바, 우리는 지구가 덥혀지는 것을 보지 못한다. 하천이 강바닥을 파 들어가고 빙하가 녹는 것이나 바다가 연안을 침식하는 것을 보지 못하는

---

3 줄리앙, 『암시의 가치』(*La valeur allusive*), PUF, 2003, chap.3, §.1, p.91 이하 참조.

것만큼 말이다. 그러나 한결같이 우리 눈앞에 있는 것은 바로 그런 것이다. 지형의 모든 굴곡을 형성하고 마모하고 다듬으며 날이 갈수록 우리 앞에 풍경을 그려 내는 것 말이다. 나중에 그 장소에 오게 되면 우리는 빙하가 여기저기서 녹아 버렸고 맨땅이 고요하게 계속 늘어나 있음을 헤아리게 된다.

장면을 바꿔 보자. 마찬가지 일이 다시 반복된다. 나아가 우리는 고요한 변화의 개념이 주체의 기능을 원래 주체의 속성인 듯한 것의 한가운데서 좀먹어 들어가는 것을 확인한다. 주체에게 고유하게 속하고 주체의 마지막 성채를 이룬다고 믿어지는 감정 및 심리 차원에서 말이다. 그녀와 그는 '더 이상 서로 사랑하지 않는다'. 이전에는 상상할 수조차 없던 일이 정말 그들에게 닥친 것이다. 그들은 이제 헤어지는 것 말고는 더 잘 할 것이 아무것도 없다. 그런데 단절의 표출 하에 끊임없이 작동한 것은 역시 고요한 변화가 아닌가? 첫 번째 침묵, 첫 번째 회피, 또는 그들이 주의를 기울일 생각조차 하지 못한 채 여러 날에 걸쳐, 연안의 절벽면 전체를 갑자기 무너뜨리는 지질 침식과도 같은 감정의 침식을 일으킨, 사랑 없는 스침을 잊을 수 있겠는가? 그러나 그들 사이에 '모든 것'이 차츰 변용되었고 이 모든 것에서 배제되는 것이 아무것도 없으며, 잘 짜여진 교향곡에서처럼 어조, 눈길, 못 참는 태도 등 모든 것이 정반대 상황이 될 때까지 동시에 기울어지기 때문에, 여기서 분리되어 나타나는 것은 전혀 없고 전반에 걸친 진행과정은 마치 대기처럼 그들의 눈에 띄지 않는다. 그러던 어느 날 아무것도 아닌 것, 단지 일화에 지나지 않을 일로부터 그들의 관계가 죽었음을, 그들의 묵인은 무관심으로 또는 비관용으로까지 바뀌었음을, 이 자명함을 숨기기 위해 여전히 행하는 노력에도 불구하고 그들 앞에 더 이상 공통의 미래가 없음을 갑자기 자각하게 된다.

블레즈 파스칼Blaise Pascal은 말한다. "그는 10년 전에 사랑했던 그 사람을 더 이상 사랑하지 않는다. 나는 다음과 같이 생각한다. 즉 그녀는 더 이상 같지 않고 그도 마찬가지이다. 그도 그녀도 젊었었다. 그녀는 완전히 달라졌다. 그는 이전의 모습 그대로의 그녀를 아직 사랑할지도 모른다."[4] 사실 파스칼이 이를 논거로 삼아 이런 불안정성으로부터 자아-주체의 취약성을 입증하고 무너진 자아-주체를 신을 향하도록 이끈다고 해도, 그는 계속해서 자아-주체에 대한 의존에 머물러 있다. 또한 이 의존에서 빠져나올 생각도 하지 않은 채 파스칼은 순전히 결과만을 나타내는 다소 짧은 설명만을 하며 확인된 변화에 의거한다. 게다가 여기서 관건은 단지 상실된 '젊음'이 아닐 것이다. 나이 많은 연인들도 있으니 말이다. 오히려 내 생각에는, 애착의 상실로 이끈 고요한 변화에 진입하려면, 10년 후에 갑자기 매우 바뀐 채 드러나는 자아-주체의 관점으로부터 숙성, 더 정확히는 퇴색이 모든 곳에서 느리게 진행되는 운행의 관점으로 기울어야 한다. 뿐만 아니라 여기서는 파스칼에 의해 둘(그녀와 그)로 나뉘었을 뿐인 주체의 주도권에 원래 속한다고 여겨지는 것을, 진행 중에 있고 그 자체로 침식 상태에 놓인 상황에 연관시켜야 한다. 나아가 펼쳐지는(파괴되는) 이 상황을 진정한 주체로 삼아야 하지 않겠는가? 그녀와 그는 그들을 아프게 하는 애정 상실에 대해 실

---

4 블레즈 파스칼, 『팡세』(*Pensées*), Brunschvicg 판본, II, 123.

제로, 그리고 개인의 차원에서 비난받을 만한가? 또는 그들이 현재 무자비하게 따져 보는 그들 간의 잘못은 다시금 일화 차원의 이정표에 불과하지 않겠는가? 모든 증인들이 잘 알고 있듯이, 헤어진 연인들이 서로에게 끝없이 표시하는 불평만큼 헛된 일도 없다.

그러나 **상황**이란 정확히 무엇인가? 상황은 가장 중요하게 여겨지는 주체들 자체보다 어떤 점에서 우세할 수 있는가? 상황이 둘 중 한 연인이 어느 날 새로운 사랑을 시작하면서 행한, 그리고 상대방이 마음 아파하는 만남으로 한정될 것인가? 그러나 이런 만남 자체도 단지 결과의 차원에서 일어날 수 있었을 뿐이다. 왜냐하면 두 삶이 점차 나타내는 편차, 즉 살아가는 리듬, 각각 자기 방식대로 틀이 잡히는 일상의 일, 다시 돌아온 옛 습관들이 암암리에 늘어났기 때문이다. 이에 따라 이런 기회를 위한 여지, 즉 어느 날 모습을 드러낸 다른 사람과의 만남을 위한 여지가 마련된 것이다. 또는 가장 안좋은 일로서, 그들 각각이 늙음 속으로 고독하게 매몰될 여지가 마련된 것이다. 살짝 간 금이 고요하게 틈새, 갈라짐, 큰 균열, 도랑이 되어 버린 것이다. 이 미미한 것이 무한한 것이 되어, 그들 사이의 '모든 것'이 전염된 채 나타났다. 흔히 말하듯이 간극은 벌어졌다. 즉, 갑자기 놀라움을 자아내고 분리를 이루는 무관심의 구덩이에 이를 때까지 간극은 그 자체로 펼쳐져 버렸다. 어떤 점에서 이런 것이 아직도 **주체들의 사안**이겠는가? 또는 그들에게 포착되지 않는 이 진행과정 앞에서, 이번에는 거꾸로 주체들이 그들의 수동성을 인정하고 운명을 탓할 때, 그들은 다시금 오류를 저지르는 것이다. 그들 사이의 것이 되어 버린 바로 그 관계에 대해 그들이 이제 더 이상 영향을 줄 수 없을 정도로 **상황의 차원**은 점차 **개인의 차원**에 대해 우위를 점하게 되었다. 이야말로 더 단순하고 실효성 있는 사실 아닌가? 이 관계에 대해 선의를 쏟아붓고 표면상의 화해를 공들여 시도한다고 해서 무슨 소용이 있겠는가? 이는 아주 좁은 폭의 시냇물일지라도 손으로 그것을 막으려는 것과 같다.

2장 변화 아래에서: 이행과정

내가 보기에 변화는 그 원리상 언제나 '고요한' 것인바 우리가 변화를 사유할 때 마주치는 난점에 대해 오류를 범해선 안 될 것이다. 고요한 변화는 단지 수준과 규모의 차이와 관련한 것이 아니다. 조금씩 무한히 작아지는 것 안에서만 실제로 일어나는 일은 우리가 대략으로만 파악할 수밖에 없고, 이로 인해 나중에 가서야 그것을 적나라하게 파악할 수 있다는 점에 변화를 사유할 난점이 있는 것이 아니다. 요컨대 우리가 그와 같은 극미한 차원을 구분할 정도로 예리한 시각이나 정밀한 청각을 갖지 못해서 변화를 사유하기가 어려운 것이 아니다. 변화를 사유할 때의 난점은 훨씬 더 상류에서 취해야 하며, 내가 보기에 결여 상태에 있는 우리(유럽인)의 사유 방식이 드러나는 정확한 지점을 가리켜야 한다. 이 난점은 이행과정 transition의 존재 자체, 즉 그것의 핵심이 바로 이행과정인 그 존재 자체를 사유하는 데 있다. 다른 용어로 정리해서 말하자면, 이행과정은 하나의 '형상'에서 다음 형상으로, 이를테면 **형상들 사이로** 이행하게 해주는 '통행'passage을 명백하게 나타내며 이에 따라 변화transformation에서의 '변'變, trans을 가장 적절히 전개한다. 그런데 정확히 말해 이행과정은 '존재'에 속하지 않으므로 우리 유럽인의 사유에서 벗어난다. 바로 이 지점에서 우리의 사유는 멈추고, 아무 말할 것도 없기에 침묵에 빠진다. 또한 이 때문에 필연적으로 변화는 '고요한 것'으로 여겨질 수밖에 없다.

　이행과정은 유럽 사유를 침묵에 빠뜨림으로써 문자 그대로 유럽 사유에 구멍이 생기게 한다. 이행과정에 대해 플라톤이 말하는 것, 더 정확히는 말하지 못하는 것이 그 증거이다. 플라톤은 (『파르메니데스』[1]에서 일자一者와 관련하여) 묻는다. "어떻게 내가 비-존재에서 존재로, 또는 부동성에서 유동성으로 이행할 것인가?" 나는 앉아 있으며, 그 후에 걷는다. 서로 완전히 바깥에 있는 두 순간을 '그 후에'라는 표현을 통해 병치되게 유지함으로써, 단지 서로 잇따르는 양상으로 나타낼 뿐인 이행과정 또는 '둘 사이'metaxu를 어떻게 포착할 것인가? 플라톤은 논리에 의거하여 다음과 같이 선언한다. 나는 앉아 있거나 걷는다. 둘 중 하나일 뿐이다. 나는 '앉아 있음'과 '걷고 있음'에 동시에 참여할 수 없다. 또는 둘 중 하나에 참여하지 않을 수 없다. 움직이거나 안 움직일 수 없는 것이다. 그렇다면 여기서 이행과정으로 명명되는 것은 그 용어 자체로 모순에 불과할 뿐인가? 그래서 플라톤에서는, 이전과 이후라는 두 종류로 분리된 차단막에 의거하는 것 말고는 다른 해법이 없다. 내가 운동에 참여하는 어떤 '시간'과 운동에 참여하지 않는 다른 '시간'은 서로 다른 두

---

1 플라톤, 『파르메니데스』(Parménide), 155d~157a.

시간이다. 그러나 둘 사이에는 무슨 일이 일어나는가? 이에 대해서
도 플라톤은 인접성에서 계속성으로 이행하기 위한 일관된 해법으
로서 특정 시간에도 다음의 다른 시간에도 속하지 않는 순간, 즉 '시
간 바깥'exaiphnes이라는 순간을 이 두 종류의 시간 사이에 가정할 수
밖에 없다고 결론 내렸다. 이 두 시간, 즉 이전과 나중을 연결하려면
시간 바깥의 '갑자기'를 만들어 내는 것 말고는 다른 근거가 남아 있
지 않은 것이다. '갑자기'는 그 자체로는 가능한 '장소'가 실제로 없
는 '비-장소'로서 지극히 '괴이한' 것이며 변화의 연속성에 난폭하
게 구멍을 내는 것이다.

　플라톤이 끝까지 밀어붙인 그의 사유에서 나는 균열보다는 모
종의 징후를 본다. 이행과정에 대한 사유와 관련된 이 흑점이 형
상-이데아의 분유分有와 본질들의 분리 이론에 얽매인 플라톤만을
타격한다고 생각할 수 있는가? 아리스토텔레스는 플라톤의 이런
측면을 일찍부터 비판했다. 주지하다시피 『자연학』의 저자 아리스
토텔레스는 변화의 사상가이다. 그는 이행과정 및 통행이 나타내는
'사이'의 위상을 플라톤보다 잘 사유할 수 있을까? 예를 들어 음악
에서의 중간음이나, 색깔 가운데 회색을 생각해 보자.[2] 중간음은 "고
음에 비해 둔하고 저음에 비해 날카롭다"고 아리스토텔레스는 계
속해서 말한다. 마찬가지로 회색은 "흰색에 비해 까맣고 검은색에
비해 하얗다". 따라서 변화가 '사이'나 중간에서 비롯한다고 해도,
이 중간은 소개념의 양상에서, 두 대립물 각각과 반대되는 것으로

---

2 아리스토텔레스, 『자연학』(*Physique*), V, 224b.

다시 사용됨으로써 계속해서 **개별항**의 위상을 이어 간다. 또는 아리스토텔레스가 축약해 말하듯이, "이 중간은 일정한 방식으로 극단이다". 이 중간은 그 자체로 획정되고 양극단을 연결시키기 때문이다. 매개항은 중간항이지만 역시 하나의 항terminus이다. 중간항은 변화를 중간에 끊고 동시에 도착점이자 다음 출발점이 되면서 변화를 분해한다. 그러나 중간항은 어떻게 중간항을 거쳐 통행이 이루어지는지 파악하게 해주는 더 좋은 수단은 아니다.

따라서 아리스토텔레스가 보기에 '회색'은 우중충하지 않다. 즉 한 색깔이 다른 색깔로 향하는 색깔이 아니라, 이 색깔도 아니고 저 색깔도 아닌 하나의 색깔이다. 즉, 흰색과 검은색이 서로 합쳐지면서 그들 간의 구분을 상실하는 색깔이다. 베를렌Paul-Marie Verlaine이 말했듯이, 잘라 내어 특징지을 수 있는 것이 아니라 '불분명한' 색깔이다. 그렇지만 이 색깔은 번갈아 가며, 그러나 혼란 없이 "검은색에 비해 희고 흰색에 비해 검은색"이다. 플라톤과 마찬가지로 아리스토텔레스가 '둘 사이'를 '사이' 그 자체로서 사유하지 못하는 것은, '둘 사이'에서는 '존재'를 위한 규정이 사라지기 때문이다. 그리스 방식의 전제를 따르자면, 흐릿한 '존재'는 없고, 구분되고 규정된 존재만이 있기 때문이다. 이는 더 정확히는 전제 이상의 것으로 그리스의 습벽習癖인데, 존재의 관점과 다르게 사유하는 것을 고려할 수도 없기 때문에, 변화의 '변'은 논리 차원에서 존재로부터 자취를 감추고, 엄밀하게는 존재에서 부정된다. 내가 의문을 던지는 것은 바로 이런 부정에 대해서이다.

플라톤과 마찬가지로 아리스토텔레스도 형상-본질이 이행과정의 비-구별 속에 사라짐을 두려워한다는 것을 나타내지 않는가?

로고스logos, 즉 담론-이성이기도 하며, 그들이 보기에 실재에 대한 모든 안정성의 유일한 기반인 에이도스eidos가 비-구별에서 상실되니 말이다. 아리스토텔레스는 비-구별의 부조리를 의심하면서, 현재 생성 중이며 아직 온전히 생성되지 않았음에도 불구하고 생성되는 것이 무엇인지에 대해 곤란에 직면한다. 이런 문제를 마주할 때 그의 문장은 혼잡하고 이해 불가능하게 된다.[3] 즉, 아리스토텔레스의 문장은 강력한 곤란에 빠지지 않기 위해서, 명사형으로서의 '~것', 존재, '어떤 것'의 차원에 엄밀하게는 속하지 않는 무엇에 아주 가까이 다가가려 한다. 이미 이 점은 식별된다. 그리스 사유가 동요하는 것은 '저편'에 대한 사유, 형이상학meta-physica과 초월에서의 메타meta에 대한 대범한 구성이 아니라 어떤 둘 사이에서 느닷없이 벌어진 구멍 때문이다. 또는 내가 앞서 징후를 말했다면, 그것은 다름 아닌 존재를 위한 이 모든 입장과 존재론이라 불리는 그 거대한 구축이 이행과정에 의해 결여가 생기고 틈이 벌어지기 때문이다.

내가 보기에 '이행과정'은 진정으로 말해 끝까지 밀어붙여진 한계의 용어로 보인다. 이 용어는 현재 관건인 문제를 말 그대로 가리키기는 하지만 이 문제를 더 멀리까지 생각하게 해주지는 못한다. 이 용어에만 매달릴 경우 우리는 막다른 길에 갇힌다. 현재 명백히 곤란을 겪는, 존재의 사유에서 어떻게 벗어날 것인가? 아니면 질문을 뒤집어 볼 수 있겠다. 중국 사유는 존재를 비껴가는바, 이 막다른 길

---

3 『자연학』, V, 224b.

에서 벗어나기 위한 편리한 우회로가 중국 사유와의 간극을 통해 다시금 주어지지 않겠는가? 중국 사유는 하나의 항이 아니라 양극을 이루는 두 항을 제안한다. 중국 사유가 변통變通이라고 말하듯이 이 두 항 사이에서 '변양-지속성'이 변증법 논리로 작동한다. 한편으로 변양과 지속성('교통') 두 항은 서로 대립된다. 변양은 '가르고' 지속은 '계속 이어 간다'. 변양은 '새롭게 하고' 지속은 '이어받는다'. 그러나 이 중 하나의 항은 동시에 다른 항의 조건이다. 가동하는 운행이 고갈되지 않는 것은 변양 덕분이다. 변양 덕분에 운행은 쇄신되면서 '지속'될 수 있다. 마찬가지로 계속성, 더 정확히 말해 지속성은 어느덧 나타나는 '변양'을 거치면서도 교통을 가능케 하며 변양 또한 이행의 시간으로 삼는다.

중국 사유에 끊임없이 영감을 불어넣어 준 계절을 사례로 살펴보자.[4] 변양(變)은 겨울에서 봄으로, 또는 여름에서 가을로 넘어갈 때, 즉 냉기가 온기로, 또는 온기가 냉기로 전환될 때 나타난다. 지속성(通)은 봄에서 여름으로, 또는 가을에서 겨울로 넘어갈 때, 즉 온기가 더 더워지거나 냉기가 더 차가워질 때 발현된다. 변양과 지속성이라는 두 차원은 번갈아 뒤를 잇는다. 나아가 변양의 차원은 고갈되어 가는 요인을 지속성의 차원을 통해 회복시킴으로써 이 다른 요인에 유리하게 작동하고 운행 전체의 지속에 기여한다. 결국 운행의 전개과정에는 아무런 균열도 없다. 중국인들은 이행과정을 구현하면서 지속성의 본보기인 봄과 가을 두 계절에 특히 의거하여

---

4 『역경』易經, 「계사전」繫辭傳, 상편 11장.

한 해의 흐름을 파악했고 그들의 고대 연대기를 정했다. 이것이 춘추春秋다.

따라서 존재의 사유에서 빠져나오려면 그리스 혹은 중국 사상가들 각각의 사유의 상류로 되돌아가야 할 것이며, 이들이 언어와 인류학에 묶여 밝히는 선입관들까지 살펴봐야 할 것이다. 따라서 그리스인들이 정체 규정과 사변의 관점에서 묻기 시작했던 "이것은 무엇인가?" 또는 "이것은 존재하는가 존재하지 않는가?"라는 질문을 하기보다는, 세계를 향해 일어서며 세계와 처음으로 조화하는 방식에서 조정을 주도하는 계절 순환을 최우선시하고, 삶을 쇄신하는 호흡을 통해 삶에 접근하며 봄과 여름 사이에 조금이나마 식별할 단절도 없이 봄이 여름이 되는 것을 알려 주는 방식을 따라야 한다. 혹은 이미 문장에 포함된 바대로 논리의 관점에서 보면, 양보절과 결과절이 어떻게 나란히 있을 수 있는지 이해하고, 분리 위주인 우리 유럽 통사론을 문제 삼아야 하는 것이다. 즉, 중국어에서 동일한 허사(而)가 어떻게 동시에 '그러나'와 '그래서'를 의미할 수 있는지 이해해야 하는 것이다. 따라서 허사를 축으로 삼은 문구(變而通)는 동시에 '변하지만 지속한다'라는 대립으로, 그리고 '지속성은 변양에서 나온다'는 의미로 옮겨야 할 것이다. 실제로 이행과정의 사유는 이 둘을 떼어 놓지 않고 동시에 생각할 것을 내포한다. 변양은 그 반대인 지속성과 단절되지만, 동시에 지속성을 그 위협과 쇠퇴에서 벗어나게 함으로써 중단 없이 지속성을 활성화한다. 왜냐하면 지속성은 변양을 통해서 계속 작동하고 유지되기 때문이다. 이는 중국에서 발전한 관점으로서 본질과 정체 규정의 관점이 아닌 사물들의 운행에 투입된 에너지의 관점이다. 따라서 양자 사이에는, 즉 변양과 지속성 사이에는 계속되는 '교통'(通과 밀접한 관계가 있는 의미)이 있으며 시작된 운행은 고갈되지 않는 것이다.

이에 대한 예시를 멀리서 찾지 말자. 지금 내가 그저 하고 있는 것, 즉 글쓰기를 생각해 보자. 문학의 이행과정은 엄밀히 말해 무엇인가? 어떻게 우리는 한 문장에서 다른 문장으로, 한 단락에서 다른 단락으로, 한 장章에서 다음 장으로 넘어가는가? 선행하는 것과 단절하고, 이어지면서 펼쳐지는 사유를 이 단절을 통해 따라가는 것이 아닌가? 텍스트 내에 남겨진 여백은 비어 있는 곳이 아니라, 그 반대로 우리가 그 안에 쓰지 않지만, 텍스트가 계속해서 나아가는 생산 장소이다. 가라앉은 사유가 일시 중단되면서 연속성의 힘을 되찾는 장소이다. 즉, 논제가 공백에 자리를 내어 주면서 이어지는 장소이다. 이 주제에 관해 고대 『역경』의 문구를 확인해 보자. "궁하면 변하고 변하면 통하며 통하면 오래 간다."(窮則變 變則通 通則久)[5] 또는 고대 중국의 문학 기법에서 끌어온 아름다운 이미지를 마음속에서 떠올려 보자. 우리가 배를 타고 있고 노를 잠깐 들어 올릴 때 이것은 이행과정의 기술이다. 우리는 더 이상 노를 젓지 않고, 노를 젓는 — 글 쓰는 — 움직임은 멈췄지만, 배는 물결에 실려 이미 진입한 쪽으로 나아간다.

---

5 『역경』, 「계사전」, 하편 2장. 이에 대한 예시가 문학 영역(문심조룡文心雕龍 29장, 통변通變)에서 발견된다.

3장 눈은 녹는다

(또는 존재를 위한 입장은 이행과정의 사유를 가로막는다)

내 생각에 문화들의 다양성을 차이의 각도에서 바라보는 것은 잘못이다. 왜냐하면 차이는 자기의 대립물인 자기동일성을 가리키며, 이에 따라 자기동일성을 요구하기 때문이다. 오늘날 얼마나 많은 그릇된 논쟁이 이로부터 생겨나는지 확인할 수 있다. 실제로 문화들의 다양성을 이들 문화의 차이로부터 고찰하면 이들에게 특징점을 귀속하는 데 이르며 각각의 문화를 원리의 단일성에 가둬 두게 된다. 그러나 이런 단일성이 얼마나 근거가 없는 것인지는 금방 나타난다. 왜냐하면 모든 문화는 특수한 만큼 다양하고 끊임없이 변천한다는 것을 우리는 알고 있기 때문이다. 즉 문화는 동질화되는 동시에 이질화되고, 재동일화되는 것과 마찬가지로 탈동일화되며, 순응함과 동시에 저항하며, 우세한 문화로서 압도하지만 동시에 이에 반대하는 분란을 일으킨다는 것을 우리는 알고 있기 때문이다. 문화는 언제나 공인된 문화와 언더그라운드 문화 사이에서 펼쳐지고 가동할 뿐이다.

　그렇기 때문에 나는 중국과 유럽 사이에 펼쳐진 내 작업장에서 차이가 아닌 **간극**을 다루기를 선호했다. 간극은 정체 규정이 아닌, 말하자면 탐험의 시각을 활성화하기 때문이다. 간극은 여러 다양한 가능성이 어디까지 펼쳐질 수 있는지 그리고 사유에서 어떤 갈래들이 식별될 수 있는지 보여 준다. 그래서 간극은 선결해야 할 문제가 갑자기 나타나게 하는데, 이는 철학의 내부 자체에서 전개된 모습의 문제가 아니다. 여기와 저기에서, 즉 중국과 그리스 각각의 현장에서 양자 각각의 방식으로 입장을 취하면서, 사유 가능한 것의 경계를 과연 **어디까지** 밀어붙일 수 있었고 또 사유할 생각조차 하지 않는 것에 대한 의심을 어디까지 펼칠 수 있었는가? 문화들 간에 지각된 일말의 간극이 작동할 경우 그것은 미래를 향하여 컴퍼스를 더 넓게 벌리거나 부채를 펼친다. 간극은 이 의심되지 않은 것, 즉 사유의 **선결 조건**이라는 것(개념화·범주화·문제화 이전의 것 등)에 틈을 나타나게 하고 한구석을 파고든다. 이는 상류에 숨겨져 있기 때문에 철학이 비난하는 '선입견'보다 훨씬 더 저항이 강한 것이다. 그렇지 않으면 어떻게 자기 정신에 대해 거리를 두겠는가?

따라서 **간극**은 미리 확정된 특질들의 틀 안에서 분류하는 작업, 그리고 차이에 의거한 경우처럼 나란히 실행된 작업에 도달하지 않는다. 대신 다른 조망을 부각하고, 시도해 볼 새로운 기회나 모험할 것이 떠오르거나 떼어져 나오게 한다. 여기서 이를 (반복해서) 말하는 이유는 놀랍게도 내게 여전히 제기되는 반론에 대답하기 위해서이다. 내가 이런 간극들에, 그리고 일말의 간극에도 주의를 기울이는 것은 문화들을 서로 격리하고 특정 세계들 안에 가둬 두기 위해서가 아니다(이와 반대로 나의 모든 작업은 문화들을 서로 대화하게 하는 데 그 목적이 있다). 오히려 양편에서, 그것에 대한 관념조차 없으면서 '자명함'으로 여기는 것으로부터 사유를 떼어 놓고, 그런 함몰 상태를 끊고 사유가 다시 펼쳐지도록 우회로를 마련하기 위해서이다. 간극은 이를 위한 도구이다. 실제로 양쪽의 평평한, 그리고 미리 알려져 있을 어떤 원리의 통일성이나 특성을 가정하는 대신(그러나 무언가 알게 해줄 이런 돌출부가 도대체 어디로부터 우리에게 올 것인가?), 간극은 간극이 갈라놓은 것을 긴장 상태에 놓고, 그것을 **갈라진 것들 각각에 의해 발견하며**, 각각에게서 비춰 본다. 또한 간극은 시각을 유리한 쪽으로 이동시킨다. 차이에 알맞은 구분의 시각에서 **간격의 시각**, 따라서 사유에서의 열린 장場의 시각으로 이동시킨다. 나아가 그 결과로서 정체성의 문제에서 **생산력**에 대한 희망으로 이동시킨다. 간극은 문화나 사유의 다양성을 얼마든지 사용 가능한 **자원**으로서 생각하게 한다. 이 자원은 모든 지성이 스스로 확장되고 다시 모색하기 위해 활용할 수 있는 것이며, 따라서 (세계화로 인해 오늘날의 단형화가 그렇게 끌고 갈 위험이 있듯이) 방기하는 대신 오히려 개발해야 하는 것이다.[1]

또한 여기서 나는 그리스나 중국의 문화 및 사유를 본래의 근원성에 따라 '고유하게' 특징짓는 것이 무엇인지 물을 필요가 없다. 문화에 대한 본질론 차원의, 나아가 전통에 의해 화석화된 이런 표상에 자의성이 너무 많지 않은지 경계해야 한다. 오히려 다음과 같이 물어야 한다. 그리스와 중국의 문화 및 사유는 오늘날 우리의 공통된 지성이 활용할 수 있는 그들의 창의성과 관련하여 어떤 자원

---

1 프랑수아 줄리앙, 『보편, 단형, 공통, 그리고 문화 간 대화』(De l'universel, de l'uniforme, du commun et du dialogue entre les cultures), Fayard, 2008, chap.12, p.210 이하 참조.

을 전개하고 활성화했는가? 그런데 그리스 사유가 존재의 언어 안에서 조직되었기에 '참'을 추출하고 산출하며, 이에 따라 과학과 철학이 활용하는 요청 자체를 사유 안에 무한정하게 구성하게 해주는 **규정-로고스**의 요청을 전개할 수 있었다는 점은 이미 확정된 것으로 보인다. 그러나 동시에 그리스 사유는 통행 또는 이행과정의 규정 불가능성을 파악하게 해주는, 완전히 덮이거나 버려진 반대의 생산력을 결여했다. 그렇기 때문에 이행과정은 '논리의 차원에서', 다시 말해 **로고스**의 관점에서 볼 때, 그리스 사유가 비틀거리는 지점이다. 즉, 이행과정에서는 어떤 점에서 그리스 사유가 장애를 겪는지가 징후로서 나타난다. 그리스 사유가 이행과정을 사유하는 데 준비가 덜 되어 있기 때문에 그것의 사유로 덜 향하고, 이에 따라 유럽에서 우리는 이행과정에 주의를 덜 기울였던 것이다. 이는 물론 맞대면을 통해서만, 그리고 간극을 통해서만 헤아릴 수 있는 '장애'이다. 내가 갓 윤곽을 잡기 시작한 다른 가능성, 그리스 사유 외부에 있는 중국 사유가 크게 활용한 다른 가능성과의 관계를 통해서 말이다. 유럽 사유와 반대로 중국 사유는 언어에 의해 열린 다른 길을 따름으로써 이행과정의 비-분리, 그리고 거기서 비롯하는 고요한 변화를, 실존의 모든 과정에 접근할 관점으로 삼을 수 있었다. 삶과 세계는 **끊임없는 이행과정**에 있지 않을까? 물론 이는 철학에서 내세우는 '유동성'과는 다른 것이다.

따라서 서로 바깥에 있는 그리스와 중국 사유를 오갈 때, 관건은 유사성이나 차이에 의거해 각각의 사유를 분류함으로써 밋밋하게 '비교'하는 것이 아니다. 오히려 수맥 탐사가처럼 서로 간의 생산성을 탐색하면서 각각의 사유에서 끌어온 정합성을, 우리의 사유되지 않은 것을 사유하기 위해 시험해 보는 것이다. 왜냐하면 상상할 수 있는 일이겠지만, 우리의 사유되지 않은 것에는 우회를 통해서만 이를 수 있고 우리는 간극을 통해 그것을 끄집어 냄으로써 비스듬히 잡을 수밖에 없기 때문이다. 그렇게 할 필요가 없었다면 우리는 그것을 사유했을 것이다. 그러므로 존재를 위한 입장이 규정을 요청한다는 것은, 눈에 띄지 않을 정도로 오랫동안 유럽에서 사유 작업을 암암리에 안내해 온 준칙으로 정리될 것이다. 나는 이 준칙을 다음처럼 정식화하겠다: 어떤 것은 **규정될수록 존재**한다. 헤겔G.W.F Hegel이 반증하듯, 규정되지 않은 채로 있는 한, '순수 존재'는 '순수 무'(無)와 전혀 구분되지 않는다. 그것은 '순수한 비움'이다. "순수 존재에서 바라볼 것이 아무것도 없으며", 사실 그것을 순수 존재라고 명명하면서도 나는 아직 아무것도 말한 것이 없다.[2] 나아가 고전주의 시대의 유럽 화가는 이와 관련한 철학의 강력한 동지이자 공모자 아닐까? 이 시대의 화가는 항상 더 규정하고, 따라서 더 '존재'하게 하려고 악착스럽게 한 획 한 획 그리기 때문이다. 레이스로 아롱대는 드레스, 그 위에 얹어진 손에서 일말의 결도 지각되고 일말의 갈라짐도 식별된다. 정성 들인 구분과 정확성을 통해 어느 수준까지 '존재'하게 하는 데 이를 것인가? 그리고 이와 반대로 근대 시기에는 그려지지 않은 것을 부각하고 밑그림esquisse을 공인하기 위해 어떤 혁명이 필요했는가?

---

2 게오르크 빌헬름 프리드리히 헤겔, 「존재의 이론」(La théorie de l'être), 『논리학』(*La science de la logique*), §39~40.

이행과정이 그야말로 **비규정**이라는 것은 이미 플라톤과 아리스토텔레스가 마주친 어려움에서 나타나듯이 단어 그대로 엄밀하게 받아들여져야 한다. 이행과정은 끝, 또는 검정과 하양, 저음과 고음을 구분하게 해주는 분리 가능성의 표시를 더 이상 인정하지 않는 것이다. 이행과정은 회색이든 중간음이든 간에 검정과 하양, 저음과 고음의 경계를 폐기하고 이에 따라 그것들을 존재와 그 힘의 지배에서 벗어나게 한다. 그리스인들이 입을 모아 말하듯이 **로고스**는 '정의'定義, horismos이다. 즉 로고스는 종류들 사이와 속성들 사이의 한계를 재단함으로써 그것들에서 존재를 식별해 내는 반면, 이행과정은 그야말로 어떤 속성/특질이 어디까지 있고 어디서 다른 속성/특질이 시작되는지 말하지 않게 하는 것이다. 이행과정은 어떤 속성/특질과 다른 속성/특질에서 그들의 변별성을 제거하고 그것들을 흐트러뜨려 흡수한다. 따라서 이행과정은 존재가 정해지는 특성들을 해체한다.

이행과정은 실제로 **해체한다**. 어디까지 해체할 것인지 헤아릴 필요가 있지 않은가? 이행과정만으로도 철학의 오랜 유럽식 도구들이 해체되거나 탈구축된다. 이행과정은 다름 아닌 보편 형상, 가지계可知界의 형상으로서 '이데아'를 해체한다. 플라톤이 말하듯이 "자기 자신에 대해 즉자即自로서" 가지계의 형상은 스스로를 고유한 것으로서 소유하고 자신에게만 속한바, 원리상 자기 안에 '자신'auto 만을 인정하며, 따라서 '순수한 채'로 있고 모든 혼합을 부정한다. 이 형상에 본질이 속하는 것은 '구분하는' 작용에 의해서이다. 또는 본질이 거꾸로 개체 안에서, 달리 말해 아리스토텔레스에 따라 존재로서의 존재에 대한 모든 탐구가 귀착하는 '실체'ousia 안에서 찾아지는 것이라면, 이행과정은 이런 본질을 또한 해체한다. 왜냐하면 이 본질은 "차이에서 차이로" 나아가고, 이런 특질 아니면 다른 특질인 것처럼 다른 모든 존재를 배제한 바로 그 존재로서 '최후의' 차이에 이를 때까지 나아감으로써 비로소 얻어지기 때문이다.[3] 존재가 구별되는 정의는 항상 격리하는 힘에서 비롯한다.

감각의 한가운데로 내려가 보자. 같은 점이 다시 나타난다. 플라톤이 말하듯이, 서로 대립되는 관념들뿐 아니라 감각의 형태로서 각각의 관념에 본질상 속성으로 속한 모든 것도 역시 서로 배제하기 때문이다. 차가움을 속성으로 가지며, 따라서 어떤 방식으로도 뜨거움과 병존할 수 없는 눈이 그렇다.[4] 그런데 눈이 녹을 때의 사정은 어떠한가? 플라톤은 녹는 중의 눈을 사유할 수 없다. 녹는 중의 눈은 물이 되니 말이다. 플라톤의 문장은 존재에 옭매여 다시금 혼란해진다. "눈인 채로 자기 안에 뜨거움을 받아들이고서는, 뜨거움과 함께 있는바, 결코 눈은 자기의 모습 그대로일 수 없을 것이다." 플라톤은 계속 이어 간다. "그러나 뜨거움이 다가오면, 눈은 뜨거움에 자리를 내주거나, 아니면 존재하기를 멈출 것이다." 놀랄 일도 아니겠지만, 플라톤은 또 한 번 이행과정을 놓친 것이다. 아니면 하나가 다른 것에 급히 자리를 내줄 이 순간은 그것을 묵과하는 것이 정당할 정도로 극히 짧고 '급작스럽고', 외연도 없고 따라서 현존도 없는 순수한 둘-사이인가? 그러나 우리는 창문을 통해 바라보면서

---

3 아리스토텔레스, 『형이상학』(*Métaphysique*), Zeta, chap.12~15. 아리스토텔레스에 앞서 플라톤, 『테아이테토스』(*Théétète*), 208d 참조.
4 플라톤, 『파이돈』(*Phédon*), 102~103.

확인한다. 떨어지자마자, 또는 심지어 떨어지면서, 또는 흩날릴 때조차도 이미 눈은 극히 거침없이, 지각 불가능하게 (그러나 말하자면, 끝없이) 우리 눈앞에서 녹고 있지 않은가?

그런데 맞은편에서 간극을 벌리며 이 점에 대해 우리에게 출구를 열어 줄 중국 사유에서 무엇이 발견되는가? 반대로 중국 사유는 존재의 언어로 표현되지 않는바, "보아도 보이지 않는 것"(視而不見), 또는 "들어도 들리지 않는 것"(聽而不聞)의 국면에 쉽게 주의를 기울일 수 있다. 감각의 차원이 흐트러지고 탈특징화되며 탈특질화되고 '밋밋해지지'만 그렇다고 형이상학의 비가시성에 빠지지도 않는 국면에 쉽게 주의를 기울일 수 있는 것이다. 이는 획정이 해체되고, 사물들의 끊임없는 이행과정을 그 무차별성 속에 나타나게 하는 국면이다.[5] 획정-정의 이전의 이런 국면은 그 연속성이 "이름으로 불릴 수 없으나", 그 비-구별은 우리를 근본을 이루는 조화로 이롭게 다시 이끌어 주는 것으로서 바로 도가 사상가들이 도道라고 부르기로 한 것이다. 즉, 『노자』老子에서 말하기를, 도의 "모양은 모양이 없거나"(無狀之狀) 도의 현상은 도를 개체화할 수 있는 고유한 물질성이 없다 (無物之狀). 도를 한정하는 모든 특징은 제거된다. 도를 반드시 정의해야 한다면, 그것은 본질상 이행과정이다. 그렇기 때문에 도는 정의 불가능하다(도는 몇몇 이유에 따라, 서양에서 쉽게 상상하듯 '신비주의'에 해당하는 것이 아니다). 그러나 역시 그렇기 때문에 도는 존재의 용어들로 정립되는 대신에, 존재론 차원의 모든 탐구에 대해 즉각

---

5 『노자』 14장.

문을 닫아 버리는 표현으로 "마치 있는 것 같다"(似或存)⁶고 말해질 뿐이다.

컴퍼스를 가능한 만큼 넓게 벌리고 그 결과를 헤아려 볼 때이다. **존재론의 차원**에서 **도의 차원**으로 넘어갈 경우, 이제 로고스의 규정 요청과 반대로, 사물들의 운행의 '흐릿함'과 '희미함'(惚恍)의 타당성을 인정하는 데 어려울 것이 없다. 사물들의 운행을 특징짓는 중간의 **비-획정**을 상류와 하류 양쪽에서의 한계를 이중으로 철회하는 것만큼 더 잘 말할 수 있겠는가? "맞이해도 머리를 못 보고 좇아도 뒤를 못 본다."(迎之不見其首, 隨之不見其後)⁷ 이와 관련하여 모든 뚜렷한 특징화의 유보를 다음 이미지만큼 더 잘 특징지을 수 있겠는가? "머뭇거림이 겨울날 냇물 건너는 것 같고 망설임이 사방의 적을 두려워하는 것 같다."(豫兮若冬涉川 猶兮若畏四鄰)⁸ 따라서 도에 적용되는 이미지는 가장 덜 이미지화한다. 도의 이미지는 특징화하는 대신에 모든 특징화 가능한 것을 제거한다. 현상과 감각 한가운데 우리를 머물게 하면서도 그것들을 지우는 쪽으로 우리를 이끈다. 여기서 무미(淡)가 음미된다. 또한 이것이야말로 그리스 철학이 그 정당성을 인정하지 못하는 최고의 이미지이다. 이어서 『노자』에서는 마치 플라톤에게 답하고 문자 그대로 플라톤과 정반대의 입장을 취하듯이, 도에 대해 "풀리는 것이 얼음 녹으려는 것 같다"(渙兮若冰之將釋)고 말한다.

---

6 『노자』 4장.
7 『노자』 14장.
8 『노자』 15장.

이 점에 대해 다른 간극이 연동되어 다시 개입하는데, 그것은 이행 과정에서 변하는 '것'의 위상과 관계가 있다. 그러나 나 역시도 '체' 體, 즉 '어떤 것' 또는 '~ 것'과 같이 실체화하는 그리스 방식의 용어로 말하기 시작할 수밖에 없다. 그런데 (변화하는) 어떤 '것'이 항상 있을까? 아리스토텔레스가 『자연학』 앞머리에서 모든 선배 학자들을 간추리고 조정하면서 말하는 바에 따르면, 변화하는 모든 것은 대립하는 항antikeimena들 사이에서 변한다.[9] 마찬가지로 중국인들도 그 사이에서 변화가 일어나는 대립물들을 음陰과 양陽으로 총칭한다. 그러나 아리스토텔레스는 여기서 멈추지 않는다. 아리스토텔레스는 대립물들 외에 제3의 항을 도입해야 한다고 본다. 다시금 제3의 항은 대립물들 외의, 또는 더 정확히는 그것들 '아래의' 존재론 항이다. 이것이 바로 변화의 (변화에 놓인) 주체인 기체基體, sub-strat, hupokeimenon이다. 차가움과 뜨거움 같은 대립물들뿐 아니라 한 상태에서 다른 상태로 이행하는 것도 '기초'나 '원리'로 여겨진다. 더 차가운 것에서 더 뜨거운 것으로 되는 눈이 그러하며 '그 안에서' 대립물들이 서로 교대한다.

그런데 이제 우리는 다음의 질문에서 벗어날 수가 없다. 녹고 있는 이 눈은 아직 눈으로 존재하는가? 또는 그것은 이미 물이 아닌가? 이 물음을 분해하면 다음과 같다. 이행과정 국면의 두 상태 사이에서 '아래에서 받치는' 어떤 것은 무엇이고 계속 그런 것이 있는가? (아리스토텔레스는 그것에 대해 값비싼 '가설'hypo-thèse을 제시한

---

9 아리스토텔레스, 『자연학』(*Physique*), I, 189~190.

다.) 달리 말하면 기체-주체의 사유는 두 대립물에 더해 변화가 붙어 다닐 제3의 항이라는 꾸며낸 통일성을 유지함으로써, 따라서 변화의 과정 자체에 이 항의 자기동일성을 투영하고 그 범위를 늘림으로써 이행과정의 파악에 방해가 되지 않는가? 아마도 이 질문이 순전히 사변 차원으로 생각될 수 있겠지만, 우리 자신의 모습인 '주체' 한가운데를 건드리는 한 그렇지 않다. 그러나 얼음이 물이 되어 가는 이행과정에서 이미 나타나듯이, 이행과정은 탈동일화와 재동일화 사이에 계속 '아래에 놓여 있다'고 할 자기동일성이 없는 국면이다. 또는 **자기동일성**을 '아래에 놓여 있다'고 가정하는 것supposer은 이행과정에 자리를 마련하고 인정하는 것을 즉각 막아서는 일이다.

중국 사유에 대해 말하자면, 중국 사유는 변화의 기체-주체로서 **제3의 항**을 전제할 생각조차 하지 않는다는 단순한 이유로 이 어려움에서 벗어난다. 나아가 어디서 간극이 나타나고 어떻게 중국 사유가 그리스 사유와 분리되는 동시에 다른 가능성을 여는지가 바로 여기서 드러난다. 중국 사유는 실재를 '존재'의 관점에서 접근하지 않고, 대립물들은 '실체'에서 양립할 수 없는바 이들에 의해 그 자체로 구성될 수 없는 '실체'의 관점에서도 접근하지 않으므로, 이제 이 대립물들만으로 모든 변화의 정합성을 헤아리기에 충분하다. 이는 아리스토텔레스가 그 가능성을 떠올려 냈으나 그야말로 논리에 어긋나는 것으로서 곧바로 거부한 것이다. 하지만 중국 사유처럼 모든 것이 양극의 작용에서 비롯하는 사유로 더 깊이 들어가 보고, 이 사유에게 기회를 줘 보자. 중국 사유에서는 어떤 것의 '펼쳐짐'에 반드시 다른 것의 '응축'이 답하지만, 동시에 어떤 것이 다른 것으로 전환되고 이 다른 것을 통해서만 쇄신될 수 있다. 따라서 '실체'의 필연성은 지워지고 변화 아래 유지되'는 어떤 것'의 관념은 엉뚱한 것이다. 여기서 '자기동일성'의 관념 자체는 해체된다. 그런데 낯섦을 거부할 수 없게 만들면서 고요한 변화가 처음부터 부딪쳤던 것은 바로 자기동일성의 관념이다. 20년 전의 사진 앞에서(주민증의 사진은 때마다 교체해야 하지 않는가?), 또는 몇 년 만에 다시 마주친 친구를 보면, '그'가 아니지만 동시에 그가 아닌 다른 사람일 수도 없다.

그런데 변화의 분석과 관련하여 내가 드러내기 시작한 이런 불안이 우리를 끌고 가지 못할 데가 어디까지일까? 변화에 대한 '가설'로서 기체-주체에 대한 불안은 이제 언어에도 적용된다. 실제로 기체-주체의 개념은 말 또한 **술어 기능**으로 조직하는 만큼(물론 이로부터 또한 이 개념은 규정의 힘을 유지하지만), 이행과정을 파악하는 데 있어 사유에 더욱 장애를 일으킨다. 변화에 반드시 필요한 이 기체는 속성을 부여하기 위한 토대로서 역시 문장에 반드시 필요한 주어이다. 『자연학』에서 『형이상학』[10]에 이르기까지 아리스토텔레스가 구축하는 것처럼, 이 기체-주체는 명제의 주어인 한에서, 그것에 대해 나머지 모든 것이 속성으로서 '범주 차원에서', 즉 범주들에 따라 말해진다. 하지만 그 자체로는 다른 무엇에 대해서도 말해지지 않는 것이다. 그러나 이 술어 체계가 이행과정을 헤아리는 데 적합한지 다시 물어야 한다. 나는 이 부적합성을, 적어도 두 가지 이유로 인해

---

10 『형이상학』, Zeta, chap.3.

확인한다. 우선, 속성 부여 기능의 구조는 순전히 이행과정 동안 해체되기 때문이다. 이 구조에 따르면 그 자체로 존속하는 주어에게 이러하거나 저러하다는 것이 **덧붙여질** 것인데, 물러지거나 녹고 있다는 것이 속성 부여나 추가 규정으로서 눈에 덧붙여지지 않는다. 다른 한편, 이행과정에서 분리할 수 없고 변화의 깨지지 않는 '전체'를 이루는 것은 이행과정을 지각 불가능하게 한다. 이행과정에서 따로 떼어 내어 획정되는 것은 아무것도 없기 때문이다. 그러나 술어 명제는 서로 덧붙여지되 서로 독립된 특질들로 그것을 분리한다. 투명하게 되는 눈, 물러지는 눈, 미지근해지는 눈이 **각각 별도로** 있는 것이 아님에도 불구하고 말이다.

반대로 중국 쪽에서 『노자』의 언술 장치는 이런 술어 양상을 온통 뒤집어엎기 위해 생각되었고 이 점에서 창조성이 있다. 따라서 유럽 언어로는 잘 옮겨지지 않는다. 그것을 유럽 언어로 나타내는 순간 곧바로 문장은 다시 술어 기능을 갖게 되고 도는 다시 본질화된다(서양에서는 이로부터 도를 실체화하기 때문에 도가 사상의 도를 신비주의로 해석할 수밖에 없는 것이다). 또는 『노자』에서 인정하듯이,[11] '억지로라도' 말할 것이 있다면, 이런 언술은 한 용어에서 다른 용어로 옮겨 간다. 이때 이어지는 용어는 그중 어떤 용어의 특질화에 고정되어 속성의 관점에서 고유하게 별도로 고찰되는 일을 막는다. "군이 이름을 부르자면 크다고 하겠다. 크다는 것은 떠난다는 것이고, 떠난다는 것은 멀어지는 것이며, 멀어지는 것은 되돌아오는

---

11 『노자』, 15, 25장.

것을 말한다."(強爲之名曰大 大曰逝 逝曰遠 遠曰反) 용어들 각각은 의미를 획정하고 고정하는 '술어'terme를 보란 듯이 사용하지 않고 서로 이어받을 뿐이다. 그것들은 언술되자마자 물러난다. 의미는 어렴풋이 드러나자마자 바뀌고, 나아가 해체되기 위해 구성될 뿐이다. 의미는 탈-규정하며 마찬가지로 이미지도 탈-이미지화한다. 여기에는 이런저런 특질이 차례로 속할 존속하는 주체도 없다. 심지어 도도 없으며, 더 정확히는 도가 주체를 흐트러뜨려 흡수한다. 다만 내세워진 각 명칭은 다음 명칭으로 이전되고 변형된다. 문장 자체가 이행과정에 있다.

이와 같은 등가물들을 산출하면서 『노자』는 그리스인들이 전개한 존재 입장이 갖춘 방법론의 궁극 귀결, 즉 모순율과 그야말로 적나라하게 어긋난다. 그런데 모순율은 존재론이 요청하는 전형을 금지의 양상을 통해 거꾸로 말해 준다. 즉 동일한 것에 대해, 동시에, 그리고 동일한 시각에서, 그것이 이것이면서 이것이 아니라고 말할 수 없다. 그 자체로 모순율은 이 사태가 아직 이것이면서 동시에 이미 이것이 아닌 것이라는 이행과정을 비-논리로 만들어 버린다. 그런데 얼음이나 녹고 있는 눈은 '동시에'ama 아직 단단하면서 이미 그 반대이며, 동시에 무르면서 무르지 않고, 녹았지만 녹은 것은 아니지 않은가? 또한 모든 미래 세대를 향해 모순율을 정식화한 이들인 플라톤과 아리스토텔레스는 이행과정을 거론할 수밖에 없을 때 어려움에 부딪힌다. 이행과정은 배제하는 규정들의 체계를 뒤흔들고, 플라톤과 아리스토텔레스의 문장은 즉각 혼란해진다. 주석가는 그 문장이 불확실한 텍스트이거나 잘못 필사되었다는 식으로 평가한다. 마치 여기에 숨길 수 없는 장애의 징후가 없었던 듯이 말이다.

4장 변용에 시작이 있는가?

'유동론'에 대한 고대의 근거를 새로 검토하면서 앙리 베르그손 Henri Bergson은 다음과 같은 점을 경계하도록 한다. 보통 우리는 변화를 '바라보지만' 변화를 '관통해서 지각하지' 못한다.[1] 우리의 지성은 자르고 격리하고 고정시키기 때문에 변화를 관통해서 지각하지 못하는 것이다. 지성의 재교육을 시도해야 한다. 변화에 대한 생생한 지각을 되찾으려면 우선 모든 변화와 모든 운동을 분할 불가능한 것으로 표상해야 할 것이기 때문이다. 그런데 우리는 운동과 마찬가지로 변화를 서로 잇따르는 위치들로 분할하여 파악함으로써, 간격이 통과되는 이행移行을 놓친다. 물론 우리는 머릿속으로는 이행의 필연성을 도입할 수밖에 없지만 그것을 고찰할 순간을 무한정 미루게 된다. 그래서 우리는 악습관으로 인해 형이상학이 벗어나지 못하는 바탕-기체基體를 항상 전제하게 된다. 변하는 '것들'을 변화

---

1 앙리 베르그손, 「변화의 지각」(La perception du changement), 『사유와 운동』(*La Pensée et le mouvant*), 『작품집』(*Oeuvres*), PUF, p.1366.

아래에 항상 전제하고, 삶에 다름 아닌 이 '운동'의 본질인 연속성을 상실하는 것이다. 이 연속성은 잘리고 굳어지며 '그것들'에 의해 봉인된 것처럼 되기 때문이다.

그러나 나는 묻는다. 베르그손이 지성의 나쁜 버릇으로 묘사하는 것은 오히려 그 안에서 그가 사유하는 언어의 사태가 아닌가? 즉, 변하는 '것들'을 변화 아래에 전제해야 하는 것은 오히려 주요 유럽 언어의 탓으로 돌릴 수 있지 않은가? 또한 유럽 언어를 마주하여 포착된 간극은 우리를 유럽 언어에서 한발 물러서게 하면서, 그리스인들이 사유에 대해 중요한 선택지를 갖게 된 세 측면에 대해 어느 정도나마 편차를 갖게 해준다. 서로 연결된 이 세 입장에 따라 내가 요약한 바는 규정, 명사화(실체화), 술어 기능이다. 첫째, 아리스토텔레스가 단언하듯, 로고스의 이상은 비-규정과 모호성을 제거해 사유를 최대한 가장 '명확하게' 하는 것이며, 이는 유럽 언어가 작동시킨 것으로서, 의미론의 작용이기 전에 우선 형태론과 통사론의 여러 구분 작용에 따른 것이다. 다음으로, 명사는 동사에서 바로 분리되어야 할 뿐 아니라(그리스어의 이런 첫 번째 구별은 명사rémata/동사onomata이다), '아래에 고정되어 있고', 동시에 명사이자 실체이면서 존재와 절節의 지지대 역할을 하는 고유의 존재를 가리키는 것으로 이해되어야 한다. 끝으로 이에 대한 귀결로서, 절의 기능은 술어를 부여하는, 다시 말해 기반을 형성하는 주어su-jet에 다소 우연한 방식(아리스토텔레스에 따르면 '우유성'偶有性)으로 속성을 정하는 것이며, 이는 주어에 속성을 귀속시키는 것이고, 속성들이나 특질들을 그만큼의 가능한 상태들로서 나란히 배열하는 것에 지나지 않는다. 한곳에 집중되는 이런 제약의 압박 아래에서 이행과정의 현상은 '논리에 맞게' 포착되지 않는다. 하지만 이런 조임 장치가 풀릴 수도 있지 않은가?

플라톤은 유동론자들의 반대 근거를 임시로 떠맡기 위해 모든 면에서 존재를 '빼내면서', 과감하게 한번 위험을 무릅쓴 것이 사실이다.[2] 그는 스스로 내기를 걸어 보는데, '어떤 것', '어떤 것의', '나의', '이것', '저것' 그리고 어떤 다른 명사도 그것이 어떤 것을 '고정'하는 한, 더 이상 그것을 말하지 않기로 해 본다. 오로지 "(여러) 되어가는, 하는, 사라지는, 변하는"gignomena-poioumena-apollumena-alloioumena 등으로 '성질에 따라' 분절하면서 말해 보자는 것이다. 따라서 로고스에 의해 어떤 것을 조금이라도 고정하는 순간 우리는 극히 쉽게 혼란스러워진다고 플라톤은 인정한다. 그러나 다음의 사실을 인정할 수밖에 없다. 플라톤은 중성 복수 및 목적어 관련 현재분사들 아래에 명사 지시 대상을 계속 전제한다. 이 분사들이 문법상 가리키고 특질을 부여하는 명사 지시 대상을 대놓고 뺐음에도 불구하고 말이다. 그는 그리스어의 조건과 가장 떨어져서 시도하는 문장에서도 "되어 가는, 하는, 사라지는, 변하는"이 잇따라 지시하는 주어, 심지어 정의조차 되지 않은 주어도 명명하지 않으면서 이것을 전제하는 것이다. 따라서 플라톤의 이런 탈출은 우리가 적에 맞서 영웅처럼 돌파를 시도하듯이, 몇 마디의 시간 동안 지속되는 것으로서 조롱하듯 천재성을 발휘하는 특별한 돌파구이다. 모든 곳에 웅크려 우리의 말을 올가미에 가두는 언어의 관용어법이 플라톤에서 도전

---

2 플라톤, 『테아이테토스』(*Théétète*), 157b.

받았음이 결국 확인되는 것이다. 하지만 이제 갓 시작된 시도가 어떻게 짧게 끝나지 않을 수 있을까? 곧바로 끝난다. 왜냐하면 그리스어는 '존재자들'의 분절만이 아니라 격변화, 빈위賓位 규정, 성性, 수數로부터 벗어날 수 없고, 심지어 등위사로 연결되었을지라도 현상을 나타내는 이 수식어들은 존재에 기대어 있고 그들 사이에 공백을 계속 온전히 남겨 두기 때문이다.

이와 반대로 우리는 변화의 내포된 운행이 한 '점' 또는 한 '귀퉁이'에 불과한 것으로부터 모든 것을 포괄하고 펼쳐질 때까지, 한 국면(한 문장)에서 다른 국면으로 어떻게 확장되는지 말해 주는 중국 문구들에 주의를 기울일 생각도 못할 것이다. 이 문구들은 서로 응하며 실이 풀리듯이 자연스럽게 나아가기 때문이다. 또한 이 문구들은 예상된 중국어 어법대로 흘러가며 우리의 주의력이 매달릴 만한 요철을 그다지 제공하지 않기 때문이다.[3] 그런데 이 연쇄의 항들은 무차별하게 명사-동사-형용사가 될 수 있고, 이 문장의 출발점에서는 '무엇에 대해' 말하고 있는지 제시되지 않는다. 과연 나도 서구 문법의 실체화하는 술어 기능을 다시 도입하지 않고서 이 문장을 어느 정도나마 이해 가능한 방식으로 나타낼 수 있을까? 이런 요청을 최악을 피해 조정하려 시도하면서 다음과 같이 번역해 보겠다. "실제로 갖추기 시작하면 현실화하고, 현실화하면 드러나고, 드러나면 밝아지고, 밝아지면 움직이며, 움직이면 변하고, 변하면 화한다."(誠則形 形則著 著則明 明則動 動則變 變則化)

---

3 『중용』 23장. 『말하지 않고 이야기할 수 있다면』(*Si parler va sans dire*), Seuil, 2006, p.144 참조.

무엇이든 간에 '아래에 놓인' 것이 있어 그것에 대해 이런 열거가 이루어지는 것이 아니다. 여기서는 그 어떤 '것'도 변화 '아래'에 놓이지 않고 단지 연쇄되는 기능들만이 언급될 뿐이다. 주어나 주체, 즉 던져진 그 어떤 것su-jet도 언술되거나 심지어 암시되지도 않는바, 이 잇따르는 양상들을 통해 펼쳐지는 계속된 **작용**만이 묘사된다. 그야말로 작용은 그 자체로 무엇에 귀속되지 않고, 행동뿐 아니라 명제를 지배하는 주체의 모든 초월성을 해체하고 주체를 작위성으로 만드는 것으로 나타난다. 여기서는 격 변화도 동사 변화도 없고 술어 규정도 지시 기능도 없으며, 수동형과 능동형의 구분도 명확하지 않다. 유일한 구문론 요소(則)는 **유도**誘導, induction일 뿐이다. 국지의 차원(曲)에서 전체의 차원(天下)에 이르기까지 영향은 표출되고 견고해지며 전개되고 밝혀지며 결국 받아들여질 수밖에 없게 된다. 나아가 운동으로의 이행(動)도 플라톤의 경우처럼 단절의 대상이 아니고, 오히려 이전의 밝아짐에서 비롯한다. 따라서 이는 도덕에서까지 확인된다. 도덕이 그저 드러난 것으로부터 밝아지고 또 밝혀 줄 때, 현자의 모범은 그 자체로 타인들에 영향을 주고(타인들을 움직이고) 자극한다.

그러나 이행과정의 이런 점진성은 예상된 멈춤이 가장 명백할 때도 읽힐 수 있는가? 부동성에서 유동성으로의 진행뿐 아니라, 그리스인들이 이해했던 것처럼, '비-존재'에서 '존재'로의, 적어도 삶의 출현과 그것에 선행하는 것 사이의 진행도 점진성인가? 이번에는 『장자』莊子의 문장인데, 이를 번역하면서, 이 문장을 우리의 언어 족쇄 아래 다시금 들어오게 하거나 구성하는 일을 가능한 한 자제해야 할 것이다. 중국 문장에서는 말 그대로 다음처럼 말한다. "헤아릴 수 없음에 뒤섞인 가운데 변하면 기가 있고 기가 변하면 현실화하며 현실화함이 변하면 삶이 있다."(雜乎芒芴之間 變而有氣 氣變而有形 形變而有生)[4] 프랑스 번역가는 이 문장을 구문론에 따라 다시 배치하면서, 마치 완전히 다른 의미를 산출하지 않는 듯이 다음처럼 옮긴다. "빠져나가고 포착 불가능한 어떤 것이 기로 변하고, 기는 형체로, 형체는 삶으로 변한다."[5] 엄밀히 말해 여기에 틀린 의미는 없으며, 나아가 번역은 깔끔하다. 그러나 이 번역은 프랑스어의 구성으로 인해 우리의 예상을 완전히 다르게 재조직한다. 이 번역은 가장 규정되지 않은 것일지라도 '어떤 것'이라는 기체-주체를 다시 확립하며, 이 어떤 것을 술어('빠져나가고 포착 불가능한')를 통해 규정한다. 그래서 이 번역은 중국어 표현으로서는 존재할 여지도 주지 않고 대상도 없는 질문을 즉각 우리의 언어에 부과한다. 즉, 항상 빠져나가는 것이라고 해도, 이 '어떤 것'은 어디로부터 오는가? 이 어떤 것의 출현으로 인해 어쩔 수 없이 단절이 있지 않은가? 그러나 무엇의 단절이고 무엇에 의한 단절인가? 또는 이 출현은 **아무것도 없다가** ex nihilo 생겨난 것인가? 이어서 이런 창조를 정당화하려면 신을 상정해야 하는가? 이런 여러 질문들이 부과되는 것이다. 언어의 간극으로부터 삶을 생각할 수 있고, 삶의 운명을 조직하는 완전히 다른 방식이 나온다. 철학의 질문이 아무리 철저하더라도 모든 철학은

---

4 『장자』, 「지락」至樂. 곽경번郭慶藩 판본, 『교정장자집석』校正莊子集釋, 타이페이: 세계서국, p.615.

5 『장자 전집』(*L'Oeuvre complète de Tchouang-tseu*), trans. Liou Kia-hway, Paris: Gallimard, 1973, p.145.

관용어법에 묶인 채 나중에서야 나타난다. 철학은 관용어법을 반영할 수밖에 없다.

이렇게 물어야 하기 때문이다. 철학자에게 ("꺾어졌어, 정리됐어"라고 친숙하게 말하듯이) 언어가 '접어 놓은' 것으로 나타나고, 결정론이 자신의 사유를 짓누르게 두지 않는다고 해도, 그의 성향을 미리 준비시키는 것으로부터 어떻게 벗어날 수 있겠는가? 유럽에서 중국으로 이행할 때 가장 흥미로운 점은 우리가 제기하는 문제들, 나아가 제기하지 않을 수 없는 문제들이 다른 쪽으로 이행할 때, 즉 다른 언어로 넘어갈 때는 더 이상 제기되지 않으며, 제기될 필요가 없다는 것이다. 중국어에서 이 문제들은 해소되는 것이 아니라 와해된다. 『노자』에서도 유럽식 문장이 '비-존재'에서 '존재' 사이에 드러내는 휴지休止는 흐트러져 흡수되는데, 이는 생겨남이 그 자체로 연속성에서 비롯하기 때문이다.[6] 물이 탁하여, 탁한 물을 고요히 두어 물이 점차 맑고 투명해질 때, "가만히 있는 것이 길게 움직여 점점 생겨난다"(安以久動之徐生). (또는 늘어나거나 생生한다.) 삶의 기원은 끊김이 없는바 수수께끼가 될 것이 아무것도 없다. 삶의 기원은 하나의 문제조차 아니다. 삶의 기원은 이행과정의 흐름에 통합되어 있고 은미하게 얽혀 있기 때문이다.

---

6 『노자』, 15장.
(混兮其若濁 흙탕물처럼 혼란하다
孰能濁以靜之徐淸 누가 혼탁함을 고요히 하여 점점 맑게 할 수 있는가
孰能安以久動之徐生 누가 편안함을 끊임없이 움직여 점점 생동하게 할 수 있는가
——옮긴이.)

그렇다면 변용, 나아가 가장 뚜렷한 변용에 항상 시작이 있는가? 물론 비-가시의 차원에서 가시의 차원으로 넘어갈 때 이런 시작은 흐릿하고, 심지어 무한정하게 그 가운데로 거슬러 오를 수 있는 맹아萌芽 상태의 불분명함에 빠져 있기 때문에 여기에서는 식별 가능한 시작이 아예 없다고 주장할 수 있다. 그러나 가시의 차원이 이쪽에서 저쪽으로 보이고 대상들이 우리 눈앞에 나란히 펼쳐질 때, 가시의 차원도 마찬가지 상황인가? 대상들 간의 획정이 항상 있어서 이 흐릿함을 일소하지 않겠는가? 바다가 해변과 분리되는 구획선, 불거진 데를 허물면서, 오르막이 시작되는 확실한 지점이 항상 있지 않겠는가? 그러나 결코 각각의 파도가 연안의 정확히 같은 자리에 와서 거품 줄을 남기지는 않는다는 점은 이미 눈에 띈다. 각각의 파도는 한 요소에서 다른 요소로, 즉 땅에서 물로의 이행과정에 불확실한 가장자리를 남긴다. 더 넓은 차원에서 모든 풍경이 마찬가지이다. 지중해에서 론강을 따라 직선으로, 또는 심지어 여러 고개 쪽으로 오르는 작은 길들을 따라 거슬러 올라갈 때, 언제, 어디서 나는 남쪽이 지워지고 북쪽이 나타남을 보는가? 분리는 어디에 있는가? 물론 우리의 뒤쪽에 다른 하늘, 다른 냄새, 사물들의 굴곡과 형태가 나뉘는 선명함이 있다. 그러나 빛에 적셔진 곳은 어디서 끝나며 어디서 빛이 오므라들기 시작하는가? 남쪽을 이루는 것이 올리브나무나 매미는 아니다. 돌멩이를 덥히는 열기나 집의 지붕도 아니다. 담론을 위해 가능한 기체로서의 사물, 남쪽의 '존재'를 이루는 '주체'는 없다. 여기서도 변화는 술어 양상에서 열거를 통해 포착되기에는 너무도 전면에 걸친 **분위기**의 변화이며 이행과정은 지도 위에 표시되기에는 너무도 끊임이 없는 것이다.

나는 파리에서 브르타뉴로 갈 때, 기대했던 거대한 변화가 다가오는지 열차 창문을 통해 바라본다. 하지만 항상 그런 변화는 포착되지 않는다. 르망에서 우리는 아직 파리 및 파리의 유명한 '유역'流域에 부속되어 있고 풍경은 트여 있다. 그런데 라발에서 우리는 평범하지만, 낯설고 외지며 비밀스러운 지방으로 완전히 넘어와 있다. 그럼에도 불구하고 두 곳 사이에는 어떤 분리도 없다. 변화를 통로에서, 땅 아래에서, 석회암에서 화강암에 이를 때 읽을 것인가? 또는 기와에서 집 지붕의 석판에 이를 때, 또는 풀밭의 푸르름에서, 종들의 모양에서, 심지어 (보들레르Charles Pierre Baudelaire가 말하듯) "분홍빛 연무로 덮인", 그러나 은은하게 덮인 것이 아니라, 이제 일몰에 의해 구름이 그토록 거칠게 다듬어진 모양으로 짜인 하늘에서 읽을 것인가? 그러면 사람들의 분위기나 생활에서 과연 바닷가의 환경은 언제 나타나기 시작했는가? 한 가지는 확실하다. 그것이 어느 불거진 데에서 나타나지는 않을지라도, 지각되지 않은 채 모든 것은 변했고 이는 태양이 구름 뒤로 지는 방식에서까지 그렇다는 것이다. 우리의 여정에서 커다란 전복이 일어났지만 그 전복을 나타내는 균열 없이 그렇게 되었다. 마치 아무 일도 일어나지 않았던 것처럼 말이다. 이와 같은 스며듦 또는 분위기, 환경은 속성의 용어로 획정할 수 없고, 따라서 우리의 존재론에 의한 포획을 거스른다.

그렇기 때문에 또한 묘사에 치중한 모든 시는 시인들의 천재성에도 불구하고 지루하다. 왜냐하면 이런 시는 기초를 형성하면서 그 측면이 규정되고 그 속성들의 특질이 정해지는 '사물'들을 항상 전제하기 때문이다. 바다'는 잿빛이고 '하늘은 어둡다'는 등으로 말한다. 풍경을 말하고자 할 때 우리는 때때로 그 속성들에 묶인 '사물'

을 매번 말한다. 포착하고 싶은 것일지라도, 한정되지 않고 한쪽에서 끝까지 **퍼지는 본성**임에도 불구하고 우리는 완고한 속성 규정에 갇혀 있다. 시 특유의 충동 아래 (문법에 맞서 쟁취한 유명한 '파격'일 뿐이라도) 얼마나 많은 위반과 고집스레 위험을 무릅쓴 간극이 필요했는가? 프랑스에서, 너무도 탁월하게 낭만주의의 풍부함의 절정에 이른 술어 기능에 대한 천착이 바로 이 절정에서 굴절되지 않고 마침내 무너지도록 말이다. 그리고 실천 불가능하지만, 그토록 오랫동안 실천된 이 방식으로부터 보들레르가 은밀히 등을 돌리도록 말이다.

5장 이행과정 또는 횡단
―늙음은 항상 이미 시작되었다

그리스인들이 이행과정의 현상을 간과한 다른 이유가 있는데, 그것은 이제 존재론뿐만 아니라 자연학에 기인하는 것이다. 자연을 음양이라는 상관 요소들로 본 중국인들과 달리, 그리스인들은 자연을 운동하는 물체로 보고 논의함으로써 변화를 운동을 본떠서 생각했다. 비록 변화는 종種으로, 그리고 운동은 단지 류類로 간주되었지만 말이다. 변화와 운동을 동일시하는 것은 서양 철학사 전반에 걸쳐 지속된다. 이런 동화는 공간에 의거하여 변화를 왜곡하는 것을 그토록 불신한 베르그손에게도 그대로 남아 있다. 그런데 운동을 모델 삼아 변화를 생각하는 일이 내포하는 결정, 나아가 고칠 수 없는 점은 무엇인가? 주지하다시피, 우선 그것은 변화가 운동과 마찬가지로 그 출발점과 도착점에 해당하는 가장자리나 극단을 통해 생각된다는 것이다. 이는 동체가 A 지점에서 B 지점으로 이동하는 것과 같다. 아리스토텔레스는 회색이나 중간음도 그 자체로 대립물로 간주한 직후 다음과 같이 말한다. "모든 변화는 어떤 것에서 어떤 것으로ek tinos-eis ti 가는 것이기 때문이다." [1]

그런데 이처럼 변화를 운동에 동화하는 것은 만족할 만한 일인가? 모든 변화는 어딘가로부터 어딘가로 나아가는 것으로 이해되어야 하는가? 즉, 모든 변화는 극단을 형성하고 양극단 사이에 벌어진 간격을 통해 그 자체로 둘 사이에 안정성을 부여하는 시작과 끝을 통해서만 고찰되어야 하는가? 따라서 변화는 더 이상 흐름과 연속성과 같은 **이행과정**의 양상이 아니라 **늘어남**의 양상으로 고찰되어야 하는가?[1] 이런 선택에는 실제로 결정이 있다. 왜냐하면 이는 우리가 주의를 기울일 틈도 없이, 삶에 양자택일을 벌려 놓음으로써 우리가 삶을 생각할 방식을 단숨에 곧바로 전복하기 때문이다. 양자택일은 다음과 같다. 삶이란 그 각각의 과정이 나타나고 그 자체로 온전히 가치가 있으며 그다음 과정을 내포하는 **이행과정**인가? 아니면 미리부터 도착점이 중요시되는 **횡단**인가? 후자의 경우 삶은 수수께끼로 가득하게 된다. 이 경우 삶은 엄밀히 말해 더 이상 삶이 아니며, '실존'이 된다. 스스로 생성되고 그 자체로 자연에 통합되는 삶의 흐름은 형이상학과 종교의 차원이 그 힘을 얻어 내는 불가사의한 질문으로 곧바로 기울게 된다. 이 경우 이제 의문 던지기를 피할 수 없기 때문이다. 즉, 하이데거가 말하듯이, 이런 '앞서 감'Vorlaufen의 특권화된 은유인 이 여행의 목적지는 어떤 것인가? 그리고 기다렸던 '항구'(죽음)에 언제 도달할 것인가?

그리스인들은 목적지를 목적, 즉 목표이자 끝인 텔로스telos에

---

1 프랑수아 줄리앙, 『시간에 관하여: 삶의 철학의 요소들』(Du «temps», éléments d'une philosophie du vivre), Grasset, 2001, Chap.3. 「늘어남과 이행과정」(Distention-transition) 참조.
2 아리스토텔레스, 『자연학』(Physique), V, 225a.

대한 기대로 채운 만큼, 우리의 모든 철학자들 중에서도 아마 불안에 가장 덜 사로잡힌 철학자 아리스토텔레스에게도 그 목적지를 고정하는 일은 중요하다. 아리스토텔레스가 그 유명한 정의에서 말하듯이, 모든 운동은 그 운동에서 잠재 상태로 있는 것이 끝에 도달한 상태(엔텔레케이아en-telecheia)를 통해 이해될 수 있다.[3] 그런데 변화의 경우도 마찬가지이다. 따라서 아리스토텔레스는 노화에 관해 아무것도 이해할 수 없다. 아리스토텔레스가 예시로 제시했던 것처럼 건축된 집이 건축하는 행위의 끝이자 목적이라면, 노화는 노화에서 먼저 '잠재 상태로' 있는 것의 끝이자 목적인가? 그러나 아리스토텔레스는 이후 열거된 모든 '운동'을 '완수'의 동일한 모델하에 분류된 등가물로 여긴다. 그는 말한다. "배움, 치료, 회전, 도약, 성장, 노화도 (건축과) 비슷하다."[4]

나는 아리스토텔레스의 이와 같은 열거에 집중해 보겠다. 이것은 어떻게 늙음이 이행과정 대신에 목적성과 늘어남의 두 논리 사이에 취해지면서 그야말로 해독 불가능하게 되는지 보여 주기 때문이다. 그런데 더 넓은 층위에서 볼 때 총칭하여 '삶'이라 불리는 것도 마찬가지 아니겠는가? 왜냐하면 늙음은 (아리스토텔레스의 목록에 따라 학습이나 치료, 엄밀히 말해, 심지어 성장처럼) 목표로 한 것의 목적과 끝의 관점 아래 정리되는 것도 아니고 (도약이나 회전의 경우처럼) 변화-운동의 시작과 끝 사이에서 이해되는 것도 아니기 때문이다. 실제로 녹고 있는 눈과 마찬가지로, 늙음만으로도 그리

---

3 『자연학』, III, 201a.
4 Ibid.

스 사유가 비틀거리는 모든 지점이 집약된다. 우선 늙음은 '주체'로서의 나의 존재에 덧붙여 내게 닥칠 일이 아니라 나의 '본질'ousia을 이루는 것과 분리 불가능하다. 늙음은 여러 속성들 가운데 가능한 하나의 속성이 아니고 그 속성들과 떼어 놓을 수 있는 속성도 아니다. 따라서 늙음은 술어의 양상으로 이해되지 않는다. 다른 한편, 늙음은 주지하다시피 분리 가능한 특징들이나 특질들로 분해되지 않고, 서로 묶여 있으며 이들의 총체가 노화를 이룬다(눈동자, 안색, 피부, 눈빛 등). 우리가 원하는 만큼 극히 길게 열거하며 다양한 측면을 검토할 수 있겠으나, 이런 열거는 작동하는 이행과정에 대해 아무것도 포착할 수 없거나 고작 그 겉모습을 포착할 수 있을 뿐이다.

따라서 늙음은 속성도 아니고 배분되는 것도 아니며 변별 요소도 아니고 부가되는 것도 아니다. 또한 늙음은 모든 자기동일성의 가능성에 대한 조건을 그 근저까지 해체한다. 바로 이런 점은 다른 많은 이들에 이어 화자話者가 게르망트 공작부인 집에서의 마지막 아침에 불가피하게 인정하는 것이다. "예를 들어 사람들이 기억했던 흥청거리는 흑인과 사람들의 눈앞에 있던 늙은 수도사 사이의 변화는 극히 완전했고 그가 누구인지 밝히는 것은 불가능할 정도였다."[5] 또한 늙음은 모순율도 해체한다. 모순율은 자기동일성의 원리가 긍정의 방식으로 지정하는 것에 대한 논리상 이면에 지나지 않기 때문이다. 프루스트가 좀 더 앞부분에서 지적했듯이,[6] "이 늙은 여인의 모습은 젊은 여인일 때의 모습과 나란히 놓는다면 이 모

---

5 마르셀 프루스트, 『되찾은 시간』(*Le temps retrouvé*), Pléiade, 1954, III, p.947.
6 *Ibid.*, p.940.

습을 완전히 배제하는 것처럼 보이기" 때문만이 아니라, 특히 늙음은 동시에 그리고 동일한 관점에서 불가분한 방식으로 아직 젊고 이미 늙은 것이기 때문이다. 우리 안에서 작동 중인 마모와 죽음이 매우 일찍부터 있기 때문에 이미 늙은 것이고, 삶은 놀라운 방식으로 끈질기게 쇄신되고 심장은 항상 힘차게 뛰며, 마치 세상의 첫 번째 날처럼 새 아침이 다시 싱그럽게 떠오르기 때문에 젊은 것이다.

이제 이런 점에 그리스 자연학이 늙음을 왜곡하고 또한 늙음을 운동의 시작과 끝, 출발점과 도착점으로 받아들이게 하는 사실이 덧붙여진다. 한편으로, 과연 늙음에 시작이 있는가? 언제, '어디서부터' 나는 늙기 시작했는가? 그 어떤 시작점도 지정할 수 없다. 우리의 삶으로 아무리 멀리 거슬러 오른다고 해도 우리는 항상 늙기 시작했다. 세포들은 태아胎兒의 모습을 만들어 가면서 이미 죽는다. 늙음은 항상 이미 시작되었다. 다른 한편, 치료한다는 것이 '엔텔레키아 방식으로' 치료로 향하거나, 또는 건설한다는 것이 건설로 향하는 것과 같이 (그리스의 주요 쌍인 에이도스-텔로스에 따라) 노화는 어떤 형상-목적으로 향할 것인가? 이와 관련한 그리스의 오해는 목적의 차원에 속하는 것과 결과의 차원에 속하는 것을 서로 혼합된 채로 유지했다는 데 있다. 또는 정확히 말하면, 귀결의 논리를 목적성의 비대해진 논리 아래에, 운행의 논리를 행동 및 그 목표의 모델 아래에 더 은밀한 방식으로 놓았다는 데 있다. 또는 모든 결말을 도착지로 생각했다는 데 있다. 왜냐하면 늙음은 아무 데도 '향하지' 않으며, 반복해서 말해야 할 일이지만, 우리는 늙음의 결과를 차츰차츰 헤아리기 때문이다.

그런데 유럽 철학이 늙음을 무시한 것은 무엇보다 '어딘가를 향함'eis ti과 도착점에 몰두했고, 끝에 주의를 기울이되 이행과정에는 주의를 기울이지 않았기 때문이다. 유럽 철학은 이에 대해 자각이나 했는가? 유럽 철학은 늙음을 침묵에 빠트렸고 끝만을, 즉 죽음만을 염두에 두었다. 하이데거도 그렇다. '향함'과 도착점의 사유, 무엇을 위해서wozu와 앞으로 다가옴zukunft의 사유이다. 인간은 "죽음을 향한 존재"로서 실존의 차원에서 정의되어야 하지 않겠는가?[7] 그런데 이 사실은 중대하다. 유럽 철학은 단절 없이 죽음의 철학을 펼쳤다. 유럽 철학은 죽음을 모든 것을 촉발하고 모든 것을 끊고 모든 것을 판결하는 사건으로 정립함으로써, 사유의 영웅주의를 통해 죽음의 철학을 위축됨 없이 펼친 것이다. 죽음이라는 사건은 모든 것을 결정하고 자기의 시간을 부르짖으며, 나아가 마치 나팔처럼 소리친다. 그러나 유럽에서는 그 어디에도 고요한 늙음 및 그 은미한 침식의 철학이 발견되지 않는다. 『늙음에 대하여』De senectute와 같이 체념을 통해 평정을 여기저기서 호소하는 조언과 위로가 있을 뿐이다.

하지만 '늙음'을 이루는 이 한결같고 고요한 이행은 부인할 수 없는 것인바 이는 우리가 목적에 대해 투영하고 소란스럽게 구축하는 모든 것보다 더 확실하게 삶 자체에 대해 더 잘 알려 주지 않겠는가? 이 한결같고 고요한 이행은 전반에 걸쳐 이루어지고 은미한바 보통은 지각 불가능하지만, 그 모든 것보다 이미 실효성을 엿보게 해주지 않는가? 그러나 유럽 철학은, 모든 것이 수렴하고 급작스럽

---

7 『시간에 관하여』, Chap.6. 「유연성과 앞서감」(Dispo-nibilité ou devancement) 참조.

게 모든 것의 매듭이 풀리며 장막을 찢고 기다린 진리가 마침내 드러나는 매혹과 종말론의 정점으로서 죽음을 계속 지평에 빛나게 했다. 서양의 이데올로기 장치에서 이 정점은 매우 편리하게 동시에 각각의 두 논점이 된다. 한편으로는 욕망을 "죽느냐 사느냐"to be or not to be(이미 파르메니데스는 '있거나 있지 않다'esti e ouk esti라고 말했다)와 같이 현기증 나게 매혹하는 그야말로 존재론 차원의 양자택일이 첨예화하고 드라마틱해지며 절대화되는 논점이, 다른 한편으로는 서스펜스와 그 해소, 실추와 구원, 신비와 부조리가 동시에 극화되는 논점이 그것이다.

그런데 실상 늙음의 이행과정은 우리 눈앞 모든 곳에 보이고 항상 이미 시작된 것이다. 철학이 그런 이행과정 자체에 주의를 기울였다면, 필경 신앙의 도박 또는 비극의 긴장에 전부를 걸도록 하면서 죽음을 모든 것이 마침내 판가름 나는 조준점으로 삼지 않았을 것이다. 오히려 철학은 매우 일찍부터 진행된 노화의 마지막 결과나 변형으로서 죽음에 접근했을 것이다. 즉 단절이나 형언 불가능으로의 도약이 아니라, 노화에 대한 의존과 노화의 연장으로서 죽음에 접근했을 것이다. 따라서 모든 것의 의미라는 관점에서 죽음에 대해 묻지 않고서 죽음에 접근했을 것이다. 죽음은 신비로 이끌지 않듯이 더 이상 부조리하지도 않을 것이다. 오히려 죽음은 **의미의 바깥**일 것이다. 죽음은 수수께끼가 아니라 에필로그일 것이다. 나아가 어떤 철저한 문제 제기를 통해, 우리는 더 이상 '죽음'을, 즉 분리되고 내세워지고 의인화된 죽음을 말하지 않고, 형태론에 따라 동사와 명사를 구분할 수 없는 중국어가 그렇게 할 수밖에 없듯이 ('늙는다'라고 말했듯이), 오히려 운행으로서의 '사'死를 말하게 될 것인가? 더 적절히 말하자면, 중국어는 단절을 지움으로써 죽음 자체를 흔히 '변화'化로 부르지 않는가?

실제로 죽음이 모든 곳에서 작동하는 고요한 변화가 잠시 개별화된 귀결로 여겨지면, 이제 진리는 은연중에 이미 나날이 은미하게 포착될 것이다. 따라서 이 끊기지 않는 이행과정이 '분리' 없이 그리고 운명의 문제를 해소하면서 그대로 포착되는 것이다. 나아가 운명의 문제도 가설들을 서로 대립되게 촉발하고 종교에 반하는 자연주의, 관념론이나 유물론 등의 논쟁을 끝없이 자극하는 방식으로 별도로 구성될 필요가 없다. 왜냐하면, 조심할 필요가 있는 일인데, 이행과정을 그 진행에 맞춰 따르는 것은 다른 것보다 더 '자연주의'에 속하는 것도 아니며 이와 같은 사변의 장치와 무관하기 때문이다. 오히려 수수께끼도 문제도 구성도 목적성도 더 이상 없다면, 우리가 별도로 떼어 놓고 '진리'로서 인정하는 것, 즉 철학이 완수하는 것이 더 이상 관건일 수 없다는 것도 받아들여야 할 것이다.

몽테뉴Michel de Montaigne가 증인이다. 철학의 습벽에서 벗어날 때 비로소 늙음의 사유를 발견하기를 바랄 수 있기 때문에, 철학의 여백에서 노닐어 보자. 몽테뉴는 삶을 늙음을 통해서, 그리고 차츰 나아가는 이행과정으로서 묘사한다. "[…] 그러나 우리는 늙음에 의해 완만한 비탈길에서 느낄 수도 없는 것처럼 조금씩 단계를 높여가며 이끌린 채 이 비참한 상태에 말려들고 그 속에 길든다. 젊음이 우리 안에서 죽을 때 우리는 아무 흔들림도 못 느낄 정도이다."[8] 몽

---

8 미셸 드 몽테뉴, 『수상록』(*Essais*), I, 20, Jean Plattard 판본, coll. 「프랑스 저작」 총서(Les textes français), p.123.

테뉴에 따르면, 젊음에서 늙음으로의 이행이 늙음에서 죽음으로 갈 때보다 힘들기까지 하다. "나쁜 존재에서 비-존재로의" 이행보다 "부드럽고 활기찬 존재에서 힘겹고 고통스러운 존재로의" 이행이 훨씬 "무겁다". 또는 (현재진행형의 힘인데) "사는 동안 당신은 죽고 있다". 중국 사유 역시 증인이다. 『장자』에 따르면 삶은 나를 "힘들게 하고" 늙음은 나를 "편안하게 하며" 죽음은 나를 "쉬게 한다"(勞我以生, 佚我以老, 息我以死).⁹ 늙음은 삶과 죽음 사이의 이행과정이나 완충으로서 정당한 자리를 부여받는다. 장자는 계속해서 논의하기를, 이와 반대로 죽음의 관념에 집중하고 죽음을 단절과 중대하고 비장한 폭로로 삼을 경우, 곧이어 죽음은 다시 돌아와 우리를 붙들고 더 이상 놓지 않는다. 죽음이 문제로서 초점화되도록 두면 이 문제는 끝이 없는 것이 되어 버린다. 죽음에 대해 '논의'하지 않으면 죽음은 사물들의 운행에 서서히 흡수되고 고요하게 이해된다. 원체 죽음은 고요하다. 여기에 모종의 형용 불가능성이나 신비가 있다는 것이 아니다. 타동他動이나 자동自動의 방식으로 이해되든지 간에, 오히려 말이 중간에 개입되고 '원인이 되면서' 이 같은 내재성을 가로막는다는 것이다.

따라서 노화라는 이행으로부터 배울 것이 매우 많을 것이다. 노화만이 의심할 수 없는, 그야말로 나의 '자기동일성'으로 **존재하는** 것의 저편에서 작동하며 이 자기동일성을 뒤엎기 때문이다. 왜냐하면 삶

---

9 『장자』, 「대종사」大宗師 5, 곽경번 판본, p.242.

이 나아감에 따라 (이런 것이 보통 경험이라 불린다) 삶의 지평 위에서 장막을 조금씩 올리는 데 주의를 기울이지 않으면, **맨끝에 와서야** in fine 어느 날 느닷없이 이 장막이 단번에 적나라하게 찢어지는 일이 일어날 것이고 우리는 종말론과 같은 극화劇化에 다시 빠질 것이다. 그런 고요한 작용을 마침내 드러나게 하는 데는 겉으로 드러난 계기, 모종의 마주침, 다시 찾은 사진이면 족하다. 그러나 이런 작용은 눈에 띄지 않는바 우리가 못 보는 것이 된다. 충격을 주는 이 '느닷없음'exaiphnes이 고요한 변화에 대립한다. 이미 플라톤에서 그렇듯이 이 느닷없음은 철학의 도구들에 포착되지 않는 것으로서 서사의 대상을 이룬다. 그리고 문학은 이런 느닷없음을, 그 비장함을 활용하면서 연출한다. 따라서 이런 것이야말로 (다른 가능한 것이 있기나 하겠느냐만) 탁월하게 결말의 장면이고 **되찾은 시간**의 장면이다.

중편소설은 이런 점을 집약해서 명확히 보여 준다(모파상Guy de Maupassant의 『영원히 안녕』이나 『끝』과 같은 오해의 여지가 없는 제목). 에트르타 해변에서 물결처럼 상쾌하게 물에 들어가던, 그토록 날씬한 몸으로 사람들을 흥분시켰던 젊은 여인이 오늘은 가족의 보호를 받으며 리본 장식으로 가득한 채 우리 앞에 "달덩이 같은 얼굴"로 둔중하게 열차 안에 앉아 있다. 이제 사람들은 간신히 눈길을 줄 뿐이다. 어떻게 그녀를 알아볼 수 있을 것인가? 그런데 이와 같은 타인의 해체를 앞에 둘 때, 우리에게 '자신'의 노화도 우회를 통해 갑자기 가파르게 다가온다. 매일마다 거울 속 자기 모습을 들여다보지 않거나 20년 전의 사진을 쳐다보지 않은 것처럼 말이다. "난 결코 이런 충격을 받지 않았을 것이다. […] 눈앞에 장막이 찢어졌다는 것만을 느꼈다." 모파상은 계속 이어 간다. "우리는 매일 거울 속

우리 모습을 들여다보지만, 나이가 들어 가는 과정을 보지 못한다. 그것은 느리고 한결같으며, 이행과정이 느껴지지 않을 정도로 서서히 얼굴을 변형시키기 때문이다."[10]

더 일반화하여 말하자면 근대 시기의 소설은 고유하고 완전히 새롭다고 인정해야 할 장르로서, 고요한 변화의 서사에서 자기 기능과 정당성을 찾는다. 내 생각에 고요한 변화가 바로 근대 소설의 진정한 테마이다. 근대 소설의 테마는 특히 사회 차원의 많은 매개와 요인이 개입된 중대 역사의 변화, 즉 특정 날짜나 에피소드가 결코 담아 내지 못하는 상세하고 극히 많은 갈래의 역사 변화이다. 『적과 흑』에서 발노의 출세, 그와 비교된 드 레날 씨의 쇠락은 배경 그 이상의 것이며, 주인공의 운명이 걸린 밑바탕의 변화이다. 또는 게르망트의 공작부인이 된 베르뒤랭 부인도 마찬가지이다. 톨스토이Lev Tolstoy의 모든 소설도 작가가 한 인물에서 다른 인물로 넘어가면서, 또 나중에 이를 다시 반복하며 나란히 이어지는 장면을 통해 그 리듬에 맞춰 따라가는 고요한 변화의 거대한 장치들이다. 『전쟁과 평화』에서 찬란한 행동으로 경쾌하게 추진된 전쟁은 늘어지고 분산되며 나날이 마모되어 한 점에 모이는 변화의 장이 되고 마침내 다른 쪽으로 기울어진다. 클라우제비츠Karl von Clausewitz에게서 배우는 전략과 반대로, 전쟁에서 행동이 없는 "죽은 시간", 즉 모든 것이 움직이지 않고 아무 일도 "일어나지 않는"("이상한 전쟁") 시간은, 나중에서야 그 결정력이 나타나는 방식으로 잠재력의 거대한 반전

---

10 기 드 모파상, 『영원히 안녕』(*Adieu*), 『단편소설과 중편소설』(*Contes et nouvelles*), Pléiade, I, p.1249.

反轉이 짜여지는 시간이다. 이에 비해 등장인물들이 서로 두각을 나타내며 역사를 쓴다고 믿는 전투는 부수 현상에 지나지 않는 것 같고 단지 결과로서 역할을 할 뿐이다.

인간관계도 고요한 변화이다. 극히 단호하고 심지어 반항기 있게 거동하지만 그 시선은 "미지의 세계"를 온통 담고 있는 듯한 안나 카레니나가 어느 날 가정과 단절하고 자기가 속한 사회에서 배척 대상이 되며 자기 아이까지 포기할 것이라고 상상이나 할 수 있었겠는가? 그녀가 안락하다는 것은 모두가, 그리고 그녀 스스로도 믿고 있었으니 말이다. 그러나 톨스토이가 주의 깊게 나타내는 여러 국면과 점증하는 일탈에 의해, 그녀는 가정과 단절하고 사회에서 배척되며 아이를 포기하는 데까지 감지 불가능한 방식으로 이끌린 것이다. 어디에서부터, 또는 언제 그녀에게서 이 분란이 시작되었는지 말할 수 있을 것인가? 이런 진행과정에 따라 등장인물들이 스스로 행하는 성찰조차도 훨씬 더 일찍부터, 심지어 '언제인지' 모르게 시작되었고 그들에게 포착되지 않은 이런 반전을 고작 띄엄띄엄 나타내는 단서에 불과하다. 자신에게 하는 말이고 고백의 시초이지만 아직 사람들이 듣지 못하는 외침이다. "세상에! 저 사람 귀가 왜 저렇게 커졌지?"[11] 열차에서 나온 안나가 플랫폼에 있는 남편을 보며 스스로 묻는다. 이는 시작된 헤어짐의 전조이지만 아직 밖으로 드러나지는 않은 신호이다.

---

11 레프 톨스토이, 『안나 카레니나』(*Anna Karénine*), Pléiade, p.119.

6장 반전의 모습

이행과정은 감지할 수 없다. 그러나 이행과정은 승리에서 패배로, 사랑에서 증오로, 또는 역시 사랑의 대립인 무관심으로 완전히 반전되는 것을 우리 눈앞에 보여 준다. 한 걸음 더 나아가 보자. 변화가 구조상 행동과 대립된다면, 내가 고요한 변화라고 일컫는 변화는 이 간극을 이어가고 심화한다. 변화의 은미하지만 쉼 없는 진행은 혁명의 모든 요란한 돌발사태를 의심하기에 충분하지 않을까? 실제로 혁명은 시끄럽고 요란하며 폭발성이 있다. 혁명은 가장 공공연히 단절을 일으키고, 격렬하거나 비장하다고 할 만한 긴박함으로 행동을 압축한다. 혁명은 행동을 첨예화하고 극한의 강도로 이끌고 간다. 따라서 우리가 비석이나 동판에 새기며 기억하는 것은, 그리하여 신기원을 이루는 것은 바로 혁명이다. 반대로 변화는 우리가 그것을 주목하지도 못한 채 모든 것을 반대쪽으로 기울게 할 정도로, 경고도 예고도 없이 차츰차츰 흐름을 바꾸어 간다.

결과의 관점, 달리 말하면 독일어로 현실성Wirklichkei이라고 일컫는 실효성의 관점에서 양자를 비교해 보자. 행동, 더욱이 그 한계까지 밀어붙여진 행동으로서의 혁명은 상황을 극단으로 돌파하며 기존 질서와 소란스럽게 단절하고자 하기 때문에, 반드시 반작용을 불러온다. 혁명은 선포되어 적대 관계가 되는 힘의 장에서 투쟁을, 더 정확히는 논쟁을 일으킨다. 이로부터 혁명은 적에게 형태와 힘을 제공하게 된다. 나아가 험하게 다루어지고 진압되며 압도될지라도, 이렇게 억압된 힘들은 다시 출현하기 전까지 계속하여 그늘 속에서 작동한다. 모든 혁명에는 복원이 뒤따른다. 그러나 이런 복원은 앞으로 어느 정도 시간을 필요로 하겠지만, 만일 역사 맥락에 혁명이 통합되도록 해줄 관용의 수준을 결국 혁명이 갖추지 못할 경우, 결코 사멸하기를 거부하는 복원이다. 이와 반대로 고요한 변화는 강제하지 않고 가로막지 않으며 투쟁을 일으키지 않는다. 그러나 고요한 변화는 자기 길을 따라 나아가고, 흔히 말하듯, 스며들며, 확장되고 퍼져 가며 전반에 걸쳐 '점점 크게 번진다'. 고요한 변화는 해체하면서 통합한다. 고요한 변화는 이 변화의 동화 자체를 해체함에 따라 동시에 동화되어 간다. 그렇기 때문에 또한 이 변화는 고요한 것이다. 고요한 변화는 저항을 야기하지 않고 규탄도 거부도 불러일으키지 않기 때문에, 그것이 진전하는 것은 들리지 않는다.

따라서 '씨실과 날실'이라는 오랜 이미지에 따라 역사가 혁명과 변화로 짜여진다고 할 때, 혁명은 그 도드라짐을 우리가 확인하고 기억하고 이야기하는 것으로서 변화의 바탕 위에 더 빛나고 겉으로 부각되는 선들의 연결점일 뿐이다. 실효성의 이 두 양상을 그 용도에 따라 시험해 보기 위해 나란히 놓고 살펴보자. 한편으로 프랑스 혁명은 사회의 균형에 조응하고 이에 따라 관용하며, 나아가 이제는 유일하게 존속 가능한 제3공화국 의회 체제가 매우 조금씩, 그리고 단절도 선포도 없는 방식으로, 더 정확히는 다른 가능성들의 소멸과 결여로 인해 생겨난 것이다. 프랑스혁명은 혁명 당시와 달리 기념할 만한 중대 행동 없이 안정화되기까지, 거의 한 세기에 걸쳐 복원과 연쇄 혁명을 초래했다. 그리고 다른 한편으로, 눈부신 활동, 도약, 정치 차원의 반동과 대비되는 방식으로 경제와 사회 차원의 변화뿐 아니라 신앙, 순종, '경향', 생활 방식의 변화가 예고 없이 퍼져나간다. 이런 변화는 충돌 없이 자리를 잡는다. 이 변화는 성향을 미리 결정하고 방향을 잡으며 스며들고 흡수되는 것이다. 이름도 얼굴도 없는 이 변화를 우리는 겨냥할 수 없고, 이에 대한 응수는 더더욱 할 수 없다. 이런 변화는 말없이 상황의 흐름을 바꾸며, 따라서 우리가 이 변화에 대해 영향력을 갖지 못한 채, 심지어는 그 자명함에도 불구하고 그것을 보지도 못하고 그것에 저항할 생각도 못한 채, 상황이 전환될 때까지 이루어진다.

구체제를 지탱하는 모든 것을 차츰차츰 갉아 냄으로써 이 체제를 전복하고 앞으로도 전복할 주동자는, 유토피아 같은 최종 상象으로서 봉기한 군중의 힘보다는 고요한 변화이다. 이에 비해 행동과 혁명은 촉매 작용이라기보다는 단지 표시 요소일 것이다. 이 정도로 그칠 수도 없다. 역사의 진보가 없는 가운데, 감히 말하건대 역사의 고요는 또한 그 '신진대사'를 이루는 쇄신에 의한 자신의 흡수 체제에 기인한다. 왜냐하면 이 변화들이 드러나지 않고 고요하게 유지되는 것은, 따라서 역사가 변화하는 수준에 맞추어 극히 밋밋하게 끊김없이 진행되는 것은 이 변화들이 받아들여지는 동시에 그자체로 변화에 맡겨져 있기 때문이다. 이 변화들은 자기 고유의 성과 안에서 퍼져 나가거나 섞여 들어감에 따라 집어삼켜지는 것이다. 이 변화들이 수행하는 반전은 도중에 그 자체로 다른 반전을 생겨나게 하며 이번에는 이 다른 반전에 통합되면서 그것과 동화되는 데 이른다. 따라서 실효성 있는 반전은 감지 불가능하게 준비되고 고요하게 가동될 뿐이며, 동시에 이 반전은 가까스로 결실을 맺는 도중 이미 새로운 형국에 진입해 있고 새로운 배태胚胎에 흡수되어 있다.

부르주아지의 도약과 쇠퇴를 보자. 부르주아지는 혁명이 완수한 수 세기의 고요한 변화 후 냉혹하게 인정될 수밖에 없었다. 그러나 고요한 변화를 승리로 이끈 조건이 펼쳐질 때, 이 조건은 이 변화의 드러남과 그 고유의 감춰짐을 동시에 내포한다. 바로 이 부르주아지가 스스로 추진했고 이후 확산된 민주화 환경 (노동 양식과 소득뿐 아니라 교육의 기회, 생활방식, 취미, 여가 등의 민주화) 아래 잘게 쪼개지면서 이번에는 모든 면에서 해체되고 있지 않은가? 사람들은 ('68년 5월'처럼 최근까지도) 떠들썩하게 부르주아지의 '죽음'을 바랐다. 이제 부르주아지는 사람들의 주목을 끌지도 않은 채 스스로 퇴색된다. 군주나 영웅의 위상을 이었던 부르주아의 위상은, 예고되었던 위대한 순간에 의해 전복되지 않았지만 우리 눈앞에서 잘게 부스러져 와해된다. 더 정확히는 이번에는 추락의 예고도 없이 햇살 아래 눈처럼 나날이 녹아 버린다.

그러나 반전으로 이끄는 고요한 변화를 따르는 법을 배우려면 어떤 안내를 받아 길을 가야 하는가? 고요한 변화는 확정하고 영속화할 수 있는 공식이나 고정 가능한 모델로 환원되지 않으며, 여러 요인의 작용이 시작된 매 변화를 거쳐 현재 진행 중인 변화를 새로운 전

중에 있는 관찰된 긴장 관계와 상관성에 근거하여, 상황이 어떻게 긍정이나 부정의 방식, 또는 '길'하거나 '흉'한 방식으로 펼쳐지고 전환되는지를 탐색하고자 한다.[2]

따라서 중국인들이 사물들의 시작과 끝에 몰두하지 않았다는 것, 즉 최초에도 최종에도 몰두하지 않았다는 것에 대해 놀랄 일이 있겠는가? 그들은 창조의 수수께끼에 열중하지도 않았고 종말을 극화하지도 않았다. 세계는 날마다 죽고 날마다 태어난다. 세계는 영원을 생각하게 하지 않으며 오히려 세계의 자원의 무진장함을 생각하게 한다. 그런 것이 바로 '하늘'(天)로서 하늘은 스스로의 흐름에서 이탈하지 않기 때문에 낳기를 멈추지 않는다. 또는 『역경』에서 1괘가 철저하게 양효이고 2괘는 음효인바 정반대로 대립되는 이 첫 번째 두 괘가 모든 상황에서 작동하는 양극성을 배치한다면, 이 책에서 제시된 마지막 두 괘(63괘, 64괘)가 차례로 '건너감 이후'(旣濟), 그리고 '건너감 이전'(未濟)이라는 것이 놀랍겠는가? 마지막에서 두 번째 단계인 기제에서 모든 효는 자기 자리에 있으나, 이렇게 완벽히 조정된, 따라서 이미 경화硬化된 질서는 바로 이런 사실로 인해 흐트러지게 되어 있다. 마지막 단계인 미제에서는 그 어떤 효도 자기 자리에 있지 않으며, 이전의 규칙들로는 읽을 수 없고 아직 알려지지 않은 새로운 도약이 작동한다. 따라서 완전하게 마무리된 건너감은 결코 없고 항상 생성의 생성이 있으며, 따라서 드러

---

2 프랑수아 줄리앙, 『내재성의 그림: 『역경』에 대한 철학 차원의 독해』(*Figures de l'immanence. pour une lecture phliosophique du «Yi-king»*), Grasset, 1993, chap.1 참조.

내야 할 새로움이 자기 앞에 있다.[3] 또는 이런 맥락에서 "시작과 끝"이 아닌 "끝과 시작"(終始)이 통상적으로 말해진다. 모든 끝은 이미 시작이며 이행과정은 계속된다. 화폭에 그려진 각 요소가 이른바 '닫는' 동시에 '여는' 중국 산수화가 모티브들의 쇄신된 교차를 통해 형상화하는 것도 바로 이런 이행과정이다. 중국 산수화는 두루마리에 그린 것으로, 화폭에 테두리가 정해지거나 전체의 구조화를 통해 조합되지 않는다. 또는 중국의 영모화翎毛畵가 어떻게 각 단계가 반대 단계를 준비하는지 보여 줌으로써 상징을 통해 기념하는 것도 이런 이행과정이다. 애벌레는 "펼치기 위해 웅크린다". 마찬가지로 "용과 뱀은 살아남기 위해 겨울잠을 잔다".[4]

또는 『역경』이 상황을 위태롭게 돌파하는 혁명의 인물상을 생각하지 않고, 오히려 서로 전도되고 이미 하나가 다른 것의 길에 접어드는 것과 같은 도약과 쇠퇴의 모습(11괘 태괘泰卦, 12괘 비괘否卦)을 생각했다는 것에 대해 다시금 놀랄 일이 있겠는가? 도약의 괘(䷊)는 아랫부분이 하늘을 지시하는 세 개의 양효陽爻로 조합되고 윗부분은 땅을 지시하는 세 개의 음효陰爻로 조합된다. 하늘이 아래에 있고 땅이 위에 있다는 것이 아니고 세상이 뒤죽박죽이라는 것도 아니다. 그런 것이 아니라 하늘의 성향은 오르는 것이고 땅의 성향은 내리는 것이며, 이처럼 배치된 양자의 요인들은 한데 모이는 기세로 마주치고 서로 통하는 것이다. 이때 양극성은 한껏 작동한다. 모든 곳에 생기가 돌고 자연이 싹틀 때 봄이 도약한다. 군주와 백성

---

3 *Ibid.*, chap.4, p.141 이하.
4 『역경』, 「계사전」 하편 5장.

이 존중과 호의로 서로를 향하며 관계 맺을 때 왕국은 도약한다. 쇠퇴의 괘(䷋)는 그 반대를 생각하게 한다. 여기서 하늘(양)은 윗자리에 따로 숨은 채 높은 곳에 격리되어 있다. 땅(음)은 낮은 자리에 접힌 채 낮은 곳에 파묻힌다. 가을에 자연의 힘은 오그라들고 갈라진다. 쇠퇴기에 군주는 궁에 웅크려 살고 백성은 노동과 고단에 몰려 내쳐진 그들 모습을 본다.[5]

그러나 가장 중요한 것은 어떻게 이 두 괘가 서로 대립하는 동시에 단절 없이 서로에게 이행하게 하는지를 각 효를 따라 살피는 것이다. 더욱이 어떻게 한 괘가 펼쳐지면서 이미 **다른 괘로 이행**하고 있는지 살펴야 하는 것이다. 게다가 처음 국면에서 두 괘의 맨 아래 효에 대해 일러 두는 말은 같다. "엉킨 띠뿌리를" "각 종에 따라" 뽑아야 한다. 즉 도약이나 쇠퇴의 시초에서 우선 맞닥뜨린 상황의 혼란을 풀어야 하는 것이다. 또한 힘들여 올라야 할 "기울어짐이 없는 평평함은 없다"는 것이 도약의 중간이 지나기 전에 미리 알려진다. 아직 도약이 압도하지 않는 이 국면에서 이미 앞으로 닥칠 어려움을 헤아리고 그것에 대비할 줄 알아야 한다. 그리고 도약의 정점(번성한 공동체를 제왕의 딸의 혼인에 의해 상징하는 5번째 효)이 지나고, 마지막 효에서 도약의 최고점은 그 자체로 반전한다. "성城이 성터로 돌아온다." 태평 시기가 끝났으니 오직 자신의 터에 웅크릴 때 비로소 자기 위치를 보전할 수 있을 것이다. 이와 반대로 쇠퇴의 국면에서는 괘의 중앙에 이르기 직전의 세 번째 효만이 부정의 모습

---

5 『내재성의 그림』, chap.3, p.87 이하 참조.

을 공공연히 드러낸다. 왜냐하면 네 번째 효부터는 상황의 질서 잡기를 다시 시작하고 운명을 다시 발견할 수 있기 때문이다. 다섯 번째 효부터 이 쇠퇴는 잠시 중단하며, 그 후 뿌리부터 잘 버티는 것에 다시 전념하고 발판을 새로 찾을 수 있다. 끝으로 쇠퇴의 마지막 효는 쇠퇴의 '반전'이고 '기쁨'으로의 회귀이다. 따라서 이와 같은 **변화의 변화**에 대한 이해를 통해 믿음을 간직할 줄 안다면, 영구히 지속할 흉한 시기란 결코 없다. 모든 것은 이행과정에 있고, 쇠퇴 자체도 쇠퇴하며, 부정성의 그늘 속을 새로운 주도권이 관통하고 다른 힘이 새롭게 조합되기 때문이다.

여기에는 아직 더 중요한 것이 있다. 왜냐하면 이 괘들에 따르면 도약에서 쇠퇴로, 또 쇠퇴에서 도약으로 이행하는 것은 군주나 왕국 같은 모종의 주체가 아니다. 그렇다고 이 반전이 주체의 관점에서 벗어나 있다고 해도 (주체-구조의 친숙한 장치에 따라) 이를 '구조의 차원'으로 규정할 수 있는가? 오히려 나는 그 고유의 배치를 통해 어딘가로 이끌리는 것은 바로 상황이며, 『역경』의 모든 도상 장치 자체는 마주친 다양한 상황에서 작동 중인 경향을 나타내는 데 쓰인다는 점을 고찰함으로써 이런 반전을 **경향의 차원**으로 규정하겠다. 그런데 우리에게 닥치며 우리의 운명을 이루는 것을 설명하는 것이 이 책의 목적이므로, 이 설명의 방식이 나타내는 점으로부터 어떤 중대한 편차가 발생하는가? 그것은 주체와 심리 차원의 한가운데에서까지 여지없이 드러나는 것이다. 그래서 사랑에서 미움과 무관심으로 이행하는 것은 '나'라는 자아가 아니다. 오히려 애정 관계에 파묻혀 있는 것 같은 이런저런 은미한 특징이 자기 길을 가면서 애정 관계를 이탈하도록 점차 끌고 가며, 이 관계를 부스러뜨리고 뒤흔들면서 뒤집어질 때까지 그 방향을 바꾼다. 연인들이 서로 묵인하는 가운데 그와 같은 첫 번째 간극이 그들 사이에 벌어지기 시작한다. 또는 첫 번째 침묵에 불과한 것이 그러할 수도 있다. 이 첫 번째 침묵은 또 다른 침묵들과 만나 두터워지며 점점 더 탁하고 묵직한 것이 되어, 심지어는 꼼짝도 할 수 없는 것이 되어 버린다. 더 이상 침묵에 대한 통제가 불가능해진다. 연인들은 이런 점을 아직 자각하지 못하지만 그들 사이에 깊은 구렁이 넓게 파인 것이다.

그런데 이런 편차로 인해 우리의 모든 개념 장의 형태를 상관관계에 따라 다시 잡을 수밖에 없다. 주체의 변화가 아니라, 상황에 내재한 전개과정으로서 그 상황 속에서 진행되는 경향에 따라 이해되는 것을 나는 이제 그리스의 중대한 설명 구도, 즉 아이티아aitia의 구도에 따라 인과성의 관점에서 설명하는 것이 아니다. 오히려 서로 대립하며 보완하는 음양의 효로 조합되고, 이 효들 사이의 관계만으로도 도래할 진화 과정을 단계마다 결정할 수 있는 괘들에서처럼 양극성의 관점에서 설명할 수 있을 것이다. 나아가 이런 편차는 프로이트Sigmund Freud가 그의 분석 장을 통해 '충동의 운명'Triebschicksal을, 정확히 양극성에 따라 설명할 때도 확인되지 않는가? 프로이트는 말하기를, 이런 것이 바로 한 충동의 반대 충동으로의 변화로서 '사랑의 미움으로의 전이'에 대한 전형의 사례이자 나아가 유일한 사례이다. 그럼에도 불구하고 왜 프로이트는 이 경우 순수한 병존인 양가성의 현상에 더 주의를 기울였는가? 그리고 왜 사랑이 미움으로 기울어짐에 대해 그리 열중하지 않았는가? 도구가 없었기 때문인가?[6]

아니면 (개인의 장점이나 결점에 따라 판단할 수 있다고 생각되는 이런저런 것과 관련한) **개인 차원**의 평가로부터, 마주친 상황에 대한 **형국**形局 **차원**의 평가로 다시 한 번 이행할 수 있을 것이다. 가까스로 그려진 것일지라도 어떤 특징들이 애정 관계가 이런 단계나 저런 단계를 넘어서고 이런 방향이나 저런 방향으로 기울게 하는가? 또는 유럽 심리학에게 그토록 소중한 **지향 차원**의 관점으로부터 **기능 차원**(중국어에서 '구성'을 나타내는 **체**體와 쌍을 이루는 **용**用)의 관점으로 이행할 수 있을 것이다. 자기 길을 갈 수 있을 뿐이고 빠짐없이 그 결과를 낳을 이런저런 요인들은 상황 속에서 작동 중이다. 마지막으로 윤리의 관점에서, (사랑이 식은 일 등에 대해 비난할 원인이 '나'라고 하는) 죄책감으로 변한 책임감으로부터 경각심과 적응성을 내세우는 책임감으로 이행할 것이다. 꽤 각각의 시초에 말해지듯이, 낌새가 나타나기 시작하는 이런저런 부정성의 특징을 때에 맞게 탐지하고 밝힘으로써, 나는 아직 그것을 바로잡을 수 있다. 아니면 이런 특징이 얼마나 뿌리를 내려 꼼짝할 수 없는 것이 되었는지 이해함으로써 이로부터 나는 도래할 진화 과정을 이치에 맞게 결론짓고 다른 형국으로 후회 없이 향한다. 이 주제에 대해 나는 우리 각자가 알고 있는 것을 이미 말했다. 즉, 서로 힐난하거나 수동성을 보이고 운명을 탓하는 연인들은 모두 틀렸고, 그들의 모든 노력은 헛되다. 이 연인들이 그들 사이에 형성하는 **형국**은 그들 각각을 거쳐 매 순간 작동하며 일말의 말에도 들리고 모든 침묵에도 들린다는

---

6 지그문트 프로이트, 「충동과 충동의 운명」(Triebe und Triebschicksale), 『메타심리학』 (*Metapsychologie*) I, 『프로이트 전집』(*Gesammelte Werke*), Fisher Verlag, t.X.

점을 그들은 보지 못하고 있다.

내가 지금까지 '변화하다'(또는 '변화')로 번역한 중국어(화化)의 어원이 '뒤집어지다'를 뜻한다는 것은 놀랄 일이 아니다. 처음의 표기에 따르면 이 상형문자는 사람이 한쪽에서는 제대로 다른 쪽에서는 거꾸로 두 사람이 있는 모습이다(𣎧 → 化). 화의 개념은 그 자체로 '변'變의 개념과 쌍을 이룬다. '변'은 우선 음악에서 반음의 변화이고 『역경』의 운영에서 음효에서 양효로, 또 양효에서 음효로의 대체로서, 한 괘에서 다른 괘로 이행하게 하는 것으로서 실질상으로 나타난다. 두 용어를 함께 취하면 이는 사물들의 '변-화'의 거대한 운행, 더 넓은 수준에서 하늘과 땅의 양극성에서 비롯하고 실재 전체의 '틀을 잡는' 모습 그대로의 운행을 뜻한다. 그리고 개인 수준에서는 마주친 각 상황에서와 마찬가지로 우리가 각각의 괘에서 한 효한 효를 따라가는 모습 그대로의 운행을 뜻한다. 그런데 주석에 따르면 "변화의 도를 아는 것은 정신의 하는 바(또는 더 추상의 양상으로 말하자면, 정신의 차원이 행하는 바)를 아는 것이다".[7] 따라서 중국 사유가 우리에게 말하기를, 이 변화의 운행에 대해 형이상학의 방식으로 급히 종결짓는 '피안'은 없으며 운행의 지배를 벗어나는 종교의 구도나 차원도 없다. 왜냐하면 이런 정합성은 가시와 비가시의 장을 동일하게 가로지르기 때문이다. 그리고 만일 '화'가 고요하다고 말해진다면, 이는 어느덧 나타나는 '변'이 이 비가시에 바탕을

---

7 『역경』, 「계사전」, 상편 9장.

두고 있기 때문이다.[8]

　이처럼 변화는『역경』의 각 괘에서 작동할 뿐 아니라 중국인이 보기에 모든 실재의 토대를 이룬다(또한 변화로 인해『역경』은 중국인들의 신앙과 문화의 근본을 이루는 책으로 여겨진다). 그렇다면 이런 변화의 작용에서 가시와 비가시의 관계를 어떻게 생각할 것인가? 쌍이 아니라 병행으로 사용된 '변'과 '화'는 양자의 분배를 말해준다. '변'은 한 효가 괘에서 다른 효로 대체되거나 자신의 극단에 달한 진화의 국면이 그 반대로 전도될 때, 변동에 대한 눈에 보이는 발현을 가리킬 것이다. 이에 대비해 '화'는 상류에서의 변천에서 일어나는, 아직은 눈에 보이지 않는 숙성을 뜻할 뿐 아니라 이런 변천이 우리가 그것을 보지 못할 정도로 극히 잘 퍼져 있다는 하류에서의 사태를 뜻할 것이다. 또한 운행과정의 전환이나 굴곡을 나타나게 하는 한계가 이제 지나갔을 때, 변은 변천의 떠오르는 부분이다. 반면 화는 변천에 있어 배태의 이전 차원뿐 아니라, 확산의 국면 또한 새로운 배태의 국면이라고 설명했듯이, 이런 확산 이후의 차원에서도 계속 눈에 보이지 않는 변천의 부분이다. 따라서 이런 변화는 외부 관찰자에게 나타나기에는 그 내부의 작용에서 너무 은미하며, 동시에 외부 관찰자가 그 차이를 계속 지각할 수 있기에는 그 결과에서 너무 펼쳐져 있다. 첫 번째 단계에서 변천은 이제 막 움직이기 시작했을 뿐인바 눈에 띄지 않는다. 두 번째 단계에서 변천은 이미 흡수되어 버린바, 눈에 띄지 않는다. 변천이 가시성에 아직 이르

---

8 예를 들어『중용』의 마지막 구절들을 볼 것. 33장 끝부분.

지 않은 국면과, 변천이 가시의 차원에서 식별되기에는 가시의 차원 한가운데 너무 펼쳐지고 녹아들어 있는 국면 사이에 화는 지각 가능성의 좁은 틈새만을 제공한다. 그렇기 때문에 큰 경각심과 함께 화를 탐색해야 하는 것이다.

7장 삶의 유동성

(또는 어떤 것이 어떻게 이미 다른 것이 되어 있는가?)

정리하면서 논의를 시작해 보자. 차츰 이루어지는 반전에 의한 것이므로 끊임이 없는 변화의 논리에 따르면, 우리는 어떤 점에서 그리스 사유와 도중에 멀어지게 되는가? 플라톤 역시 대립물들로부터 사유하지만, 한 '사물'이 특정 대립물에서 그것과 반대되는 대립물로, 또는 특정 규정에서 그 규정에 반대되는 규정으로 이행하는 한에서 그렇게 사유한다. 나아가 플라톤은 이 점을 그가 완전히 일반화되기를 바라는 원리로 삼는다. "대립되는 것들에서 이들에 대립되는 것들이 생겨난다."[1] 반드시 나는 작았다가 커지고, 잠들었다가 깨어나며, 또는 살아 있다가 죽는다(심지어는 죽었다가 다시 살아 있는 상태가 될 것이다. 이는 소크라테스가 한순간 당부하는 것으로서, 이로부터 영혼의 불멸성을 믿기 위한 논거를 추출해 내야 한다). 그러나 이 테제는 (『파이돈』의 전환점(102~103)에서 경험 차원과 분리

---

1 플라톤, 『파이돈』(*Phédon*), 70d~71e.

된 형상들, 본질들, 원인들에 대한 이론의 확립 후에) 이를 보완하는 다른 테제를 불러온다. 한 사물이 특정 대립물에서 그것과 반대되는 대립물로 이행한다고 해도, 이 대립물 자체는 결코 그것의 반대로 이행하지 않는다. 나는 차가운 상태에서 따뜻한 상태가 되지만, 내가 추울 때 '분유'分有하는 차가움 자체는 결코 따뜻함이 되지 않는다. 나아가 눈과 같이 차가움을 본질의 특성으로서 가진 것은 결코 자기 안에서 따뜻함과 함께하지 않는다. 그러나 그것은 따뜻함이 다가오면 즉각 자리를 내준다. 이 대립 상태들은 서로 배제하기 때문이다. 이로부터 변화의 연속성에 불가피한 단절이 생긴다. 대립 상태들은 서로 접촉하지 않기 때문에, 나는 한 상태에, 그 이후 다른 상태에 있는바, 마치 서로 교환하듯이 '갑자기' 특정 규정에서 그 반대 규정으로 이행한다.

그러면 이런 개념은 바로 위에서 내가 『역경』을 통해 거론하기 시작한 개념과 어떤 점에서 분리되는가? 『역경』의 상像들 가운데, 도약 다음에 쇠퇴로 이행하는 것은 군주나 백성 같은 주체가 아니라, 도약 자체가 자기 규정 상태에 있으면서 이로부터 그 반대로 이행하여 쇠퇴로 전도되는 것이다. 연속성은 운행의 이행과정에 의해 설명된다. 달리 말하면 도약은 쇠퇴가 다가올 때 자리를 내주는 것이 아니라, 그 자체로 도약으로서 발전하면서 이미 쇠퇴로 기운다. 그렇기 때문에 도약의 끝에서(6번째 효) 쇠퇴가 명확히 식별된다. 실제로 나의 힘을 성과와 함께 사용함으로써 나는 이미 힘을 소진하기 시작한다. 왜냐하면 힘은 더 펼칠수록 약화하기 때문이다. 땅을 더 차지할수록 그것을 지키기가 어렵다. 로마제국은 무너지지 않기에는 경계를 너무 멀리까지 밀어붙였다.

사랑도 마찬가지라고 말할 수 있지 않을까? 사랑은 전개될수록 한계를 마주치게 된다. 사랑은 정점에 이를수록, 모든 것을 흡수할 정도로 절대화할수록 위험에 처하게 된다. 열정에 들떠 마주 보던 오후는 숨막힐 정도의 절망으로 기울어진다. '자아'가 사랑에서 '사랑 다음에' 증오나 무관심으로 이행하는 것이 아니라면, 오히려 사랑 자체가 강도를 더 농축할수록, 나아가 불가능을 시도할수록, 반전에 더 가까워지지 않겠는가? 사랑 자체가 말 그대로 더욱더 '재앙'이 되지 않겠는가? 게다가 여기서 문제가 되는 것은 감정과 심리 차원의 의미에서 반대 감정으로서의 '미움'이 아니라, 자기의 부정으로 기우는 동일한 사랑이다. 주지하다시피 연인은 상대방을 죽일 수 있다. 이는 사람들이 애써 해프닝이라 주장하듯이 분노의 표출이나 광기에 의한 것이 아니라, 논리에 맞는 방식에 의한 것이다. 어쩌면 어느 날 사랑과 관련하여 출현한 분노는 위협이 되는 반전이 처음으로 모습을 드러내는 것 아닐까?

왜냐하면 다음과 같은 점은 조건을 이루기 때문이다. 즉, 대립물 각각이 서로의 대립물로 전도될 수 있으려면, 일정한 방식으로 서로를 자기 안에 이미 포함해야 하고 서로 얽혀 있어야 한다. 약함은 이미 힘에 들어 있고 힘을 갉아먹는다. 그렇기 때문에 모든 힘은 쓸수록 약해진다. 또는 죽음은 항상 삶에 이미 들어 있고 삶 속에서 진행되고 있다. 그렇기 때문에 어느 날 우리는 '자연사'로 죽을 수 있는 것이다. 혹은 프로이트가 그렇게까지 생각했듯이, 죽음충동은 단지 에로스의 타자가 아니다. 오히려 부정성은, 혹시라도 긍정의 성 충동이 있다면, 이 충동의 한가운데서 실행되며 그 온전한 충족을 막으면서 성 충동을 내부에서 변화시킨다.[2] 주지하다시피 이런 점은 중국 사유에서 극히 일반화된 것이고 『역경』을 통해 널리 퍼진 것이다. 양에는 이미 음이 있고 음에는 이미 양이 있다(두 물고기가 각각 다른 물고기의 색을 가진 눈으로 표현되는 경우 등). 그런데 이런 것이 바로 플라톤이 보란듯이 거부하는 것이다. 또한 플라톤은 반전이 아닌 생성genesis을 사유한다. 그리고 그는 대립성을 통해 사유하며 모순의 논리를 철저히 배제한다. 물론 그는 파악 불가능한 소피스트를 파악하려 시도할 때 한순간 비존재의 존재와 관련하여 모순의 논리를 건드리지만, 이렇게 간신히 열린 길을 곧바로 닫아버린다. 왜 그런가?

그 이유는 플라톤이 '운동–정지'와 같은 유형의 대립 쌍만을 고찰하기 때문이 아니다. 이런 대립 쌍은 고대 중국이나 그리스에서 세계에 대한 위대한 설명의 출발점에서 원용된다. 그러나 대립물 자체도 존재에 참여할 때 비로소 '존재'하는바, 플라톤은 대립 쌍에 대해 제3자로서 '존재'를 도입한다.[3] 따라서 분리된 토대로서 주체의 기능에 사용되는 개별 '존재'가 받아들여질 수밖에 없다. 이제 주체만이 자신과 거리가 있는 술어 자격의 어떤 대립 상태에서 다른 상태로 이행하고, 자기동일성을 온전히 유지한 가운데 한 상태를, 그리고 그 다음에는 다른 상태를 분유할 수 있는 것이다. 따라서 이제 플라톤은 이를 기초로 "모든 대립 상태는 그것의 대립 상태에서 생겨난다"는 명제를 구분되는 두 의미에 따라 펼치고 이 가운데

---

2 지그문트 프로이트 「애정 생활의 가장 일반화된 폄하에 관하여」(Sur le plus général des rabaissements de la vie amoureuse, 1912), 『성생활』(La Vie sexuelle), PUF, p.64. 다음 저작도 참조, 앙드레 그린André Green, 『부정의 작업』(Le Travail du négatif), Paris: Minuit, 1953, p.303.

3 플라톤, 『소피스트』(Sophiste), 250 a~b.

하나를 선별할 수 있다. (1)특정 '존재'는 어떤 대립 상태에서 그것의 대립 상태로 이행한다(이는 플라톤이 일반 규칙으로 인정하는 것이다). (2)대립 상태 자체가 그것의 대립 상태로 이행한다는 것은 플라톤이 절대 거부하는 것으로서, 비-모순율의 원리를 확립하는 이런 배제는 이성의 규칙 자체가 된다.[4]

순전히 학파의 문제로 여겨질 수도 있는 이 그리스식 선택이 유럽의 이해 방식에 깊은 흔적을 남겼다는 것에 주목할 시간이다. 이런 선택은 그 자체로 당연한 것이 아니기 때문이다. 게다가 이 선택은 우리가 삶을 생각하는 방식에 은밀하지만 확실한 영향을 미쳤다. 이 점을 더 자세히 들여다보면, 플라톤이 아직 '주체'를 지명하여 말하지 않고, 주체를 대립 상태들과 구분하기 위하여, "대립물"(to enantion pragma) 또는 "대립 상태들을 가진 것들"(ta echonta ta enantia, 즉 대립 상태들과 동일한 이름을 부여받는 것들)을 말하는 것이 사실이다. 소크라테스에 대해 단순히 다음과 같이 열거할 수 있다. "나, 소크라테스가 추웠다가 덥게 되고, 젊었다가 늙게 되었다." 그러나 우리가 살펴본 것처럼, 아리스토텔레스는 플라톤에 이어서 이 단계를 넘어선다. 플라톤이 차례로 이렇게 또는 저렇게, 추웠다가 더워지고, 젊었다가 늙게 되는 주체, 기체, 토대와 같이 제3자로서 도입하는 '존재'를 아리스토텔레스는 그의 『자연학』 초입에서 '변화 아래에 있는' 제3항으로서 변화 '아래'에 배치하기 때문이다. 나아가 플라톤과 아리스토텔레스 둘 모두의 관심은 동일하다. 그들의 관심은

---

4 『파이돈』, 103 a~c.

변화 '아래에서' 자기 자신으로서, 즉 동시에 그 자체로ipse 그리고 동일하게idem 있고, 따라서 인식의 안정성을 확보하는 것이다. 뿐만 아니라 자기동일성을 담고 있는 존재론 차원의 주체이자, 술어들의 토대로서, 그리고 담론의 전개에 합법성을 부여하는 것으로서 술어 규정의 주체, '논리학'의 주어/주체, 즉 로고스의 주체를 확보하는 것이다. 이와 관련하여 플라톤은 류類들(그 분유 관계를 변증법에 따라 조정해야 하는 존재와 모든 대립쌍들) 간의 '공동체'로부터 출구를 찾는다. 이로부터 아리스토텔레스는 술어 규정의 형태들, 즉 '범주들'(본질, 즉 기본 범주 외에 본질을 중심으로 무리를 이루며 본질을 규정하는 질·양·관계 등의 다른 범주들)을 전개했다.

그런데 우리가 그것에 반대해 싸울 때조차도, 우리가 너무도 동화한 것이라 더 이상 식별해 내지 못하는 이 그리스식 선택 또는 유럽식 기관機關, organon에 대해 다시 한 번 중국에게 **대립 추론으로** 검증하는 역할을 맡길 수 있다. 유럽 근대성이 자기동일성을 정초한 존재-술어 논리를 해체함으로써 모순에 기회를 다시 부여하려는 의지에서 생겨났다는 것은 알려져 있다. 이는 근대 회화에서 1세기 전부터 충분히 드러나는 일이다. 그런데 자기동일성의 논리가 나타내는 인위성의 효과, 그리고 이 논리가 과학에, 적어도 고전과학에 제공하는 인과성의 편의성을 우리가 확인할 수 있다고 할 때, 중국 사유는 이런 자기동일성의 논리에 갇히지 않는다. 그렇기 때문에 중국 사유는 유럽의 근대성과 비교할 만한 '근대성'의 단절을, 마찬가지의 비장한 저항과 반-인위성으로서 산출할 필요가 없거나 또는 산출할 수 없었다. 게다가 중국 사유는 창조성과 관련하여 잃을 것이 없지 않겠는가? 여하튼 반전에 대한 중국 사유의 논리는 전혀 동요되지 않았고, 『역경』의 권위는 그 어디서도 문제시되지 않았다. 그리고 중국이 현대의 근대성을, 그에 앞서 혁명을 차용한 것은 유럽으로부터이다.

다른 한편, 중국 관점의 반작용(반대 비용) 또한 역방향으로, 즉 유럽과 대비하여 헤아려진다. 어떤 '주체'-기체를 포착하고 이를 변화 현상에서 격리하려 할 때, 중국 사유가 어떤 방식으로 어려워하고 서투른지 확인되기 때문이다. 고대 중국의 가장 뛰어난 논리학자조차도 주체-기체를 단지 '장소'의 단일성을 통해 공허하게 최소한으로 내세울 수 있을 뿐이다.[5] 따라서 펼쳐지지 않는 사유를 끈기 있게 읽어 보자. 그가 보기에 유일하게 가능한 대립은 다음과 같다. "모습은 같지만" "다른 두 곳에서 모습이 같을 때"(有同狀而異所者), "두 실재"의 경우이다. 또는 "모습이 다르지만" "같은 곳에서 모습이 다를 때"(有異狀而同所者), "하나의 실재"의 경우이다. 또한 이 사상가에 따르면, 앞서 나온 '변화'의 쌍을 밝히려면 다음과 같은 점을 고찰하는 것 외에 다른 방식은 없다. 즉 "모습이 변하고" 해당 실재는 "다르되 그렇다고 해서 (다른 것으로) 분리되지 않을 때, 이것이 바로 화이다"(狀變而實無別而爲異者, 謂之化). 이 중국 사상가가 이런 방향으로 더 멀리 탐험하지 않는다면 이는 자명하게도 그가 주체의 자기동일성 개념과 이에 대한 존재론의 토대 개념을 갖추고 있지 않기 때문이다. 그러나 그가 결론 내리기를, 이 개념은 "규정을 관리

---

5 『순자』荀子, 「정명」正名 편.

하는"(制名) 방식에서 계속하여 '축'(樞)으로 사용되는 것이다. 왜냐하면 실제로 이런 것이야말로 최종 단계에서 중국의 모든 사상가들의 관심사이기 때문이다. 그들의 관심사는 사물들의 '존재'를 묘사하기 위해 어떻게 담론을 술어 기능의 규칙에 따라 논리에 맞게 전개할지를 생각하는 것이라기보다는, 필요한 모든 정의들을 그 분류법에 따라 존중하면서 '바른'(正) 방식으로 '사물들'(實)에 '이름'(名)을 부여하는 것이다. 따라서 이는 사변의 관점보다는 사실상 정치의 관점에서, 어떤 정의들이 다른 정의들을 침범하는 것을 피하면서 이름을 부여하는 것으로서, 제국에 질서가 잡히도록 모든 월권을 금지하려는 것이다.

논의를 출발할 때 확인한 사실로 되돌아오자. 눈이 녹을 때, 어떤 '사물'이 자기 존재에 그대로 있으면서, 규정들의 기체로서 단지 차가움의 술어를 바꾸는 것이 아니다. 오히려 그야말로 우리는 그리스인들이 사유하기를 멈추는 **비-형상**in-forme, 즉 한 형상(본질) 아니면 다른 형상에 의해 더 이상 규정되지 않는 것에 직면한다. 그것은 아직 '눈'인가? 그러나 더 이상 눈이 아닌 채 눈인가? 또는 내가 늙을 때, 언제나 자기와 동일한 주체로서 내 자아 안에서 젊음이 어느 특정한 날 늙음이 다가오자마자 자리를 내주어 마치 급회전하듯 '젊은' 내가 갑자기 '늙어지는' 것이 아니다. 왜냐하면 차가움은 뜨거움을 배제하지 않고 오히려 뜨거움에 열려 있기 때문이다. 젊음은 자기 고유의 특성이거나 본질일 만한 것에 격리되기는커녕 그 반대에 의해서만 이해될 수 있기 때문이다. 더욱이 젊음은 그 거리낌 없는 발산, 계산도 없고 의심도 없이 소비하는 발산의 불가피한 귀착으로서 이미 늙음을 불러일으키지 않는가? 마찬가지로 중국의 괘에서 읽히듯이 번영은 쇠퇴를 불러일으키며, 나아가 이미 쇠퇴를 포함하고 쇠퇴로 전환된다. 그렇기 때문에 반전은 눈에 띄지 않은 채, 한 국면에서 그 대립 국면으로 아주 꾸준히 진행될 수 있다. 그렇기 때문에 삶은 단절이 없으며 '고요한' 변화인 것이다. 또한 유럽 사유의 한가운데에서 반전의 사유는 어떤 것이 스스로 다른 것으로, 또는 한 규정이 대립 규정으로 어떻게 옮겨 가는지 밝힘으로써 존재의 지배와 술어 기능의 밖에서만 나타날 수 있었다. 이와 같은 지배가 도래하기 전에(헤라클레이토스), 또는 그 최종점에 이를 때(헤겔) 그러했다.

왜냐하면 특정 관점에서 헤라클레이토스는 차가운 것이 더워지고 뜨거운 것이 차가워진다고 말하는 데 그치지 않고, "살아 있는 이와 죽은 이, 깨어 있는 이와 잠든 이, 젊은이와 늙은이가 같다"고, 존재와 술어 기능의 사유로서는 터무니없는 방식으로 말하기 때문이다.[6] 그렇기 때문에 그는, "살아 있는 이, 깨어 있는 이, 젊은이는 반전되어metapesonta, 죽은 이, 잠든 이, 늙은이이고, 죽은 이, 잠든 이, 늙은이는 반전되어, 이번에는 살아 있는 이, 깨어 있는 이, 젊은이이다"[7]라고 곧바로 결론짓는다. 여기서 관건은 그들에게 어떤 것이었다가 그 다음에 다른 것이 되는 주체들, 즉 살았다가 그 다음에 죽은 자들, 깨어 있다가 그 다음에 잠든 자들, 또는 늙게 되는 젊은 자

---

6 헤라클레이토스, 『소크라테스 이전 단편집』(*Die Fragmente der Vorsokratiker*), fr.126, Diels-Kranz, I, p.179.
7 *Ibid.*, fr.88, pp.170~171.

들이 아니라는 점이 이 문구에서 드러난다. 오히려 (중성으로) 대립자들 자체, 즉 살아 있거나 죽은 사태, 깨어 있거나 잠든 사태, 젊거나 늙은 사태 등이 관건이다. 이처럼 하나가 다른 것에 비춰지고 삶과 죽음, 깨어 있음과 자고 있음, 젊음과 늙음이 서로 비춰 보는 것이다. 바로 **이런 규정들 자체**에 대해 헤라클레이토스는 그것들이 그 자체로('eni'의 의미) 자기동일성으로 가진 것을 다름 아닌 그것들의 대립을 통해서 고찰하며, 따라서 그것들은 각각이 다른 것으로 전환되는 것이다. 달리 말해, 아리스토텔레스의 의미에서 '제3의 항'을 이 대립자들 외에 변화의 기체-토대로 또는 '주체'로서 도입하지 않고 헤라클레이토스는 이런 고찰을 하는 것이다.

마찬가지로 헤겔의 변증법은 합목적성을 낳는 다소 지루한 장치보다는, 대립물로의 계속된 이행에 대한 이해를 통해서 우리에게 이 점을 밝혀 준다. 주지하다시피 헤라클레이토스는 그것을 온전히 이해한다고 확신하기에는 대립물들의 동일성을 너무 치우치고 거칠며 압축된 제스처를 통해, 매개 없이 곧바로 정립한다. 이에 반해 헤겔은 이것을 모든 면에서 전개하며 헤겔 자신의 용어로 말하자면 그것을 '매개한다'. 따라서 이성이 실제로 조금씩 고통스럽게 자신을 형성해 가는 과정에서 (『정신현상학』이 묘사하는 끈질긴 여정에 따라) 이해의 한 단계에서 다른 단계로 상승하는 방식을 다시 살펴보자. 아직 상식의 협약에 갇혀있고 술어 기능에 너무 편리하게 맞춰져 있는 첫 번째 계기는 규정들이 ('딱딱한', '하얀', '동그란' 등과 같이) 단지 덧붙여지는 속성들로서 지각되는 계기이다. 이 규정들은 각각이 반대 규정을 배제하고 배척함('딱딱하거나 무른', '희거나 검은' 등)과 동시에, '참의 지각'이 구성하는 그대로의 동일한 대상 한

가운데에 병치된다. 그러나 이미 정신이 사물이 아니라 힘을 대상으로 삼을 때, 정신은 어떤 것이 단지 다른 것의 바깥에서 이 다른 것과 대립되는 것이 아니라, 그것과 분리될 수 없다는 것을 자각한다. 한쪽에 양전기가 있고 다른 쪽에 음전기가 있는 것이 아니라, 하나 자체가 다른 것에 의해서만 이해되며, 다시 논의하건대, 이는 이들의 양극성의 사태 자체에 의해서라는 것을 자각하는 것이다. 이에 따라 힘으로서의 양극성은 이미 자기 자신 안에 자아와 자아 간의 차이를 포함한다. 달리 말하면 자아 안에 또한 타자를 담고 있는 것이다.[8]

이런 점을 일반화할 때, 이를 통해 우리가 생각하게 되는 것은 사물들이 결코 언어의 규정들과 온전히 합치하지 않을 것이고 이 경우 (문학이 대상으로 삼는 유명한 '형언 불가'와 같이) 사물들에 대한 묘사가 부정확하고 포착하기 어렵게 될 것이라는 점이 아니다. 오히려 상식의 차원에서 너무 쉽게 믿는 것임에도 불구하고, 바로 이 규정들이 타자의 작용을 받음으로써 그들 자체와 합치하지 않으리라는 점, 즉 그들의 정의와 온전히, 달리 말해 안정성 있고 확정된 방식으로 결코 합치하지 않으리라는 점이다. 그렇기 때문에 이 규정들은 각 규정이 자기의 타자가 되는 일종의 한계로의 이행으로 한결같이 스스로 이끌려 가는 것이다. 따라서 각각의 규정은 각각 자기 안에서 자기의 반대로 나타난다. 주지하다시피, '힘'은 약함으

---

8 게오르크 빌헬름 프리드리히 헤겔, 『정신현상학』(*Phänomenologie des Geistes*), chap.2~3. 장 이폴리트Jean Hyppolite의 해설도 참조. 『헤겔의 『정신현상학』의 기원과 구조』(*Genèse et structure de la «Phénoménologie de l'esprit» de Hegel*), Aubier, I, p.126

로 나타나고 '도약' 자체는 쇠퇴로 나타난다. 따라서 우리의 소박한 믿음이 그렇게 인도하듯이, 이 규정들을 (플라톤이 형상들에 대해 말하는 것처럼 '자기와 동일한')[9] 자기동일성을 소유한, 그들의 경계 안에 격리 가능하면서 한정된 것으로 생각해서는 안 된다. 우리가 규정들을 그 실효성에 따라 사유하고 싶다면, 오히려 이 규정들을 끊임없이 그 울타리에서 벗어나게 하고 그것들의 반대로 이끌고 가는 내부 운동을 바로 이 규정들 안에서 지각해야 한다. 또는 힘에 대한 이런 연구에서 '삶'에 대한 사유로 넘어가야 한다. 헤겔은 말하기를, '삶'이라고 불리는, 스스로 생성되기를 멈추지 않는 이 운동 또는 '과정으로서의 삶'을 사유하고자 한다면, 우리가 '삶'을 설명하게 해주는 규정들을 안정성 있고 확정성 있게 그리고 그로 인해 고정된 '즉자'卽自로서 고착화하거나 그들 자체에 접혀지고 그로 인해 생동성이 없는 실체로 응결하는 것을 경계해야 한다. 오히려 이 규정들에서 이것들이 내부에서부터 계속 자리 잡지 못하도록 하고 전복하면서, 이에 따라 우리에게 그것들을 '무한하게' 드러내 주는 '비-평정' 또는 비-정지를 지각해야 한다. 삶과 관련하여 이것이 바로 삶의 본질 자체 또는 삶의 '유동성'이며, 이는 엄밀히 말해 비-본질이다. 그렇기 때문에 우리는 또한 삶을 사유하기가 그토록 힘든 것이다.

따라서 모든 것을 갈아 버리게 된 변증법 장치를 재가동하고, 더 이상 아무 삐걱거림도 들리지 않고 결국 자동기계처럼 되어버린 반전의 '자기운동'을 다시 작동시킬 경우, 우리는 장 이폴리트가 적

---

9 『소피스트』, 254c.

절히 상기시킨 것처럼, 오히려 헤겔의 용어들이 그 초기의 낭만주의의 극단에 이르며 우리에게 드러내 준 핵심과 실효성 있는 **생동성**을 거의 잊게 될 것이다. 삶의 고요한 변화에 들어가기를 원하는 이에게, 해체해야 할 '사물화'는 공격하기 매우 쉬운, 사물들 자체에 대한 우리 지각의 사물화가 아니다. 이보다는 규정들의 사물화, 즉 그것들을 통해 우리의 정신이 사물들을 포착하고 고정시키려 하는 사물화이다. 또는 순전히 잇따르는 상태들의 불연속성으로부터 과정의 연속성으로 어떻게 이행하는지 사유하기 위해서는, 헤겔이 주장하듯이, 실제로 부정을 완전히 다르게 생각해야 할 뿐이다. 따라서 고전 철학이 그렇게 하듯이, 부정을 단지 다른 가능한 모든 규정과 구분하고 (이미 『소피스트』에서 비-존재는 존재의 반대가 아니라 존재의 완전한 타자이다) 그 자체로 내부의 파괴 불가능한 확정성으로 자기 자신과 온전히 일치하는 규정의 존재 자체를 문제 삼지 않음으로써 부정을 단지 **규정 바깥**의 경계로 여겨서는 안 된다. 왜냐하면 위기, 괴로움, 나아가 죽음과 같이, 규정된 존재를 변질하거나 동요시킬 수 있는 것은 오직 내부의 단절을 산출하는 낯선 사건으로서만 이 존재 안에 나타날 수 있기 때문이다. 규정의 자기 자신과의 일치(헤겔이 말하는 '동일성')를 단절하고 그것을 그 자체로 모순되는 것으로서, 따라서 이미 전복되고 있는 것으로 발견함으로써 오히려 부정을 규정의 내부 자체에서 작동하는 것으로 생각해야 한다.

실제로 한 규정을 단지 그것의 '존재'인 것으로 여길 수 있는가? 각 규정이 자기 안에 접혀 있고 자기의 정의와 합치하는바 '힘'을 단지 힘으로, '약함'을 단지 약함으로 간주할 수 있는가? 그러나 '힘'의 모든 입장(규정)은 이미 그 자체로 약함에 의해 작용받고 좀먹는다는 것을 어떻게 보지 못하겠는가? 따라서 대립 규정들 각각은 전개되면서 마침내 다른 규정으로 반전하며, 따라서 혁명조차도 **꾸준히 이어지는 것으로**, 즉 진정한 단절이 없는 것으로 만든다(주인과 노예의 변증법으로부터 우리가 끊임없이 배우는 바이다). 왜냐하면, 앞서 말했듯이, 힘은 노출되고 압도하며 이 사실 자체로부터 약해지기 때문이다. 심지어 힘은 압도하고 자기 힘을 입증할수록 더욱 약해진다. 또는 (니체Friedrich Wilhelm Nietzsche의 주장처럼) 힘은 더 죄의식을 느끼게 한다. 우두머리들의 기묘한 약함이 이런 것이다. 당연히 그 반대도 맞다. 약자의 힘, 그가 자신의 약함을 당장 드러내지 않는 한, 사람들이 감히 건드리려고도 하지 않으며 이를 또한 활용하는 약자의 힘이 바로 그러하다. 이는 매일 확인되는 일 아닌가? 따라서 자신의 드러난 약함을, 그 자체로 책임져야 할 것도 아니고 인정될 필요도 없으며 오히려 덮이고 억눌린 만큼 더욱 효력 있는 힘으로 반전시키는 약자의 힘이 바로 그러하다. 이런 것이야말로 가족에게 아이들이 자주 가하는 포학한 힘이 아니겠는가? 또는 눈물로 당신에게 호소하는 연인의 힘이 바로 그러하다. 다른 예가 있는데, 이 경우 규정들이 이념상 고착화되어 있고 대의에 의해 견고해진 것으로 보이는 만큼, 내가 가까스로 감히 내놓는 예이다. '하층'이라고 불리는 계층 또는 과거에 멸시받았던 사회 집단이 역시 활용할 수 있는 '손댈 수 없음'이 바로 그것이다. 그들은 그 누구보다 결핍 상태에 있고 혹사당했으며 착취되었고 그리 존중받지 못했다는 점, 그리고 사람들이 그들을 방해하는 일을 항상 두려워하고, 그들이 무엇이라도 하면 그것이 의무로 보일 정도로 그들이 원칙상 불운하다는 것을 (공공 활동에서) 즉각 내세울 수 있다. 그들은 내걸린 '약함'을 통해 자신들을 공략할 수 없도록 성벽을 치며, 나아가 이와 같은 규정을 방패 삼아 보복으로써 타인들에게 영향을 미친다.

따라서 우리가 삶을 이해하지 못하게 된 오류는 이런 규정들을 '유동'으로 두는 대신에 부동으로 유지하는 데 있다. 나아가 이 오류는 우리의 믿음과 신념이 의존하는 견고한 장치로서의 이런 규정들에 붙잡혀 있다는 데 있다. 어떻게 상황이 이 규정들의 고정성에 가려진 채, 예고할 필요가 없는 만큼 더욱 탈없이 전환될 수 있는지 보지 않고서 말이다. 그리고 우리 쪽에서는 상황을 묘사할 때에도 갖가지 부동론에 매여 있는 만큼, 상황의 반전이 우리의 눈앞에 명백히 드러날 때조차도 이런 반전을 설명할 능력이 부족하다. 부동론의 장치는 우리에게 부과된 것이다. 따라서 이상은 이미 완전히 그 실체가 없고 아무 내용도 없음에도 불구하고, 부동론의 토대 위에서 견고하게 대중의 예찬을 받으며 독단에 의해 유지된다. 나아가 이상은 이렇게 내걸린 규정들의 보호하에 모든 선포된 억압보다 더 강한 억압이 된다.

이데올로기의 제의祭衣로 암암리에 전환되는 종교열宗敎熱의 끝없는 역사가 바로 그러하다. 또는 예고 없이 반작용으로 기울어지는 혁명들의 끝없는 역사가 바로 그러하다. 이런 기울어짐이 언제, 어디서부터 시작되었는지 혹시라도 말할 수 있는가? 우리는 아직도 '진보주의'의 힘과 형태를 믿는다. '진보주의'의 힘과 형태가 그 표시로서 진보주의라는 규정을 담고 있고 이 규정을 공공연히 내보이며, 우리는 그것들의 정의를 신뢰하기 때문이다. 또한 우리는 한결같은 해방의 슬로건에 묻혀 그 '앙가주망'이 얼마나 전도되었는지 지각하지 못한다. 이 앙가주망은 더 이상 이상을 옹호하지 않고 이제 '기득권'을 옹호한다. 그것은 더 이상 (억압된 이들의 해방을 위한) 영웅주의의 매개자가 아니라 (집단주의의 이익에 의한) 이기주의의 매개자이다. 그것은 더 이상 (목숨을 걸고 권력에 도전함으로써) 실제 위험에 맞서는 것이 아니라 순응주의를 표방하는 안락함에 매몰되어 있는 것이다. 그것은 더 이상 사회의 혁신 동력이 아니라 굳어버린 힘이고, 더 이상 유동성의 요인이 아니라 부동론으로 반전되는 요인이다. 그럼에도 불구하고 이는 모든 의혹에서 벗어나 있다. 왜냐하면 표방된 규정들은 한결같고 내용의 영속성을 믿게 하기 때문이다. 악의 없이 주장하건대, 19세기의 (해방 지향의 용기 있는) 노동조합주의와 오늘날의 어떤 노동조합주의 간 차이를 그 예로 들 수 있다.

이처럼 변화가 고요한 것은 변화가 매우 조금씩 진행되고, 행동과 달리 부분이 아니라 전반에 걸쳐 이루어지며, 따라서 (우리 안에서 늙은 것은 '전체'이고 우리는 시간의 흐름에서 우리가 늙고 있음을 보지 못하는바) 분리되지 않고 그 결과 눈에 띄지도 않는 (현상학의 차원이라고 할 만한 관점에서) 도래의 양상 때문만이 아니다. 또한 변화가 고요한 것은 단지 규정들을 빈위의 양상으로 '주체'에게 연이어 배분하는 우리의 존재론-술어 기능의 논리 도구에 의해 변화가 편리하게 포착되기 때문인 것도 아니다. 모든 술어들을 원하는 만큼 다 더한다고 해도 우리는 늙음의 경험을 이루는 것 안에 진입조차 할 수 없을 것이다. 오히려 변화(전도)는 언어에 대한 우리의 사용법 자체와 관계가 있는바, 훨씬 더 은밀하고 숨겨진 방식으로 고요하다. 왜냐하면 우리는 대립하는 규정들을 각각의 정의에 가둬 두고 각각의 본질에 굳어지게 하면서 서로 격리시키기 때문이다. '젊음'과 '늙음', 또는 '힘'과 '약함', 또는 '삶'과 '죽음'을 떼어 놓고 보며, 고정된 규정들에 불과한 것 아래에서 한 규정이 다른 규정으로 이행하는 것은 포착되지 않기 때문이다. 다시 한 번 우리는 아무것도 건지지 못하게 된다.

이행과정의 항상성에 대해 우리에게 포착되지 않는 것을 이제 우리는 '시간'이라고 통합하여 명명함으로써 별개로서 되찾으려 시도한다. 그리고 우리는 이 항상성과 관계된 변화의 묘사에서 불가피한 단절을 도입한바, 이런 단절을 '사건'으로 명명함으로써 시간의 한가운데에 들여놓는다. 그러나 우리는 왜 다시금 시간을 외부의 결정권자와 주요한 행위자로 형상화함으로써, 운행과정의 내부 자체에서 충분히 파악할 수 있는 것을 시간과 관련짓는가? 우리의 개념들이 동요되는 이 지점에 이르러 나는 다음과 같은 가장 무거운 질문을 피할 수 없다. 시간은 실체화되고 고상한 것이지만, 언어 및 그 고착화의 권위에 의존된 우리가 변화의 '고요'에 주의할 수 없는 무능력에서 벗어나기 위해 알리바이로 구성한 것, 그리고 무엇보다도 매우 편리하게 내세울 수 있는 위대한 주체와 위대한 원인이 아닌가?

8장 '시간'을 발명해야 했는가?

언어의 곤란한 역설은 다음과 같다. 정신이 전개되고 우리가 사유하는 것은 언어 덕분이고 언어를 통해서이다. 동시에 사유한다는 것은 어떤 방식으로든지 간에 언어를 배반하는 것이고 언어와 정신의 병합에 맞서 싸우는 것이다. 즉, 언어의 편견을 떠나려는 모든 노력을 하는 것이고 언어가 우리에게 부과하는 가장 자명한 것에서 벗어나 (철학에서 '자명함'보다 의심스러운 것은 없다) 언어의 오래된 마름질 이전 단계로 다시 거슬러 오르려 시도하는 것이다. 나는 변화를 사유하고자 하지만, 지금까지 '시간'을 논하기를 삼갔다. 내 생각에 시간은 언어의, 특히 인도유럽어의 구성물로서 우리로 하여금 많은 부분에서 착각하게 하고 운행의 논리에서 이탈하게 하는 것이다. 그리스인들 이래로 우리는 개념상의 분류 및 분리를 통해 정당화하지 못하는 모든 것을 '시간'의 용어로 포장했고, 시간을 우리 삶에 대해 지배권을 가진 수수께끼 같은 원인으로 세웠다. 이로부터 나는 지금의 성찰 지점에서 감히 묻지 않을 수 없다. 시간은 사유되지 않은 것을 이름 붙여 구별하기 위해 우리가 발명해 낸 허구의 드라마 배역이 아닐까? 고요한 변화에 세심하게 주의를 기울일 경우 필요 없게 될, 모든 것에 대한 혹시 모를 위대한 설명 역할을 맡기기 위해 우리가 발명해 낸 배역이 아닐까? 왜냐하면 시간은 존재에 대한 우리의 선택과 다름없는 특유의 그리스 선택과 공동 전선을 이루며, 존재의 사유가 저버린 것을 존재에 대비된 '생성'을 위한 틀과 토대가 되는 방식으로 되찾음으로써 그리스 선택과 한 쌍을 이루기 때문이다. '존재와 시간'Sein und Zeit은 상호 결합을 통해 유럽 사유 전체를 총칭하는 제목이다.

이에 대해 나는 다시 중국어 및 중국 사유에서 논거를 취할 것이다. 왜냐하면 중국어는 결코 단일성과 일반성의 양상으로 '시간'을 말한 적이 없기 때문이다. 오히려 중국어에서 '시간'은 '계절'-때-시기(時)가 변주를 통해 만물의 생명에 장단長短을 주고 인간의 활동을 유인하며 의례를 위한 틀로 사용된다. '시'時라는 용어는 땅속에 담겨 있고 태양이 피어나게 하는 생명의 씨앗을 문자로 그려 내는바, 특질 및 상황과 관련된 의미를 뿌리 깊이 간직한다. 다른 한편, 이 용어는 여러 때의 교대에서 비롯하는 지속(久)을 말하며 공간과 쌍을 이룬다(『묵경』墨經)[1]. 중국인들이 19세기 말 서양 사유를 만나면서 '때의 사이'(時間, 중국어[shi-jian], 일본어[ji-kan])로 '시간'을 번역해야 했던 점이 그 증거다. 그 전까지 중국인들은 계절의 주기와 그로부터 비롯하는 지속을 동시에 사유했지만, 결코 운행과정의 지속에서 동질성 있고 추상화된 시간을 분리해 내지 않았다. 또

---

1 『묵경』, 상편 40, 41, A.C. Graham 참조. 『후기 묵가의 논리, 윤리 그리고 과학』(*Later Mohist Logic, Ethics and Science*), CUP/SOAS, 1978, p.293.

는 내가 다른 책에서 검토할 기회가 있었듯이,[2] 계절의 때가 아닌 지속의 때를 논함으로써 가끔씩 이와 같은 분리의 시도가 어렴풋이 행해졌지만,[3] 그럼에도 불구하고 이런 관점은 결코 완수되지 않았다. 이는 이런 관점이 설명을 위한 중대한 역할을 맡도록 추진된 것이 아니기 때문이다.

그런데 중국인들이 하루의 때, 해, 연대를 정확히 헤아리지 않은 것이 아니다. 그들은 특히 매우 공들여 가공된 물시계를 개발했다. 그들은 달력 제작에 대해 유달리 엄격했고, 중국에서 학문의 기초를 이룬 역사에 모든 주의를 기울였으며, 왕조들의 구조를 알게 해주는 연대기를 극도로 세심하게 작성했다. 이로부터 사람들은 시간에 대한 유럽의 개념과 유사한, 그러나 오직 유럽 사유만이 발전시켰을 '시간' 개념을 중국인들이 '은연중에' 가졌어야 했다는 생각의 근거를 도출했다. 시간 개념은 사유의 선험으로서 즉각 보편성과 필연성이 있지 않은가?[4] 우리는 중국인들의 성찰 역시 추상 작용에 이르렀음에도 불구하고 무슨 이유로 중국인들이 시간 개념을 스스로 발전시키지 않았는지를 파악하지 못한다. 그러나 우리는 이

---

2 프랑수아 줄리앙, 『시간에 관하여: 삶의 철학의 요소들』(*Du «temps», éléments d'une philosophie du vivre*), Grasset, 2001, p.44.

3 예를 들어 『장자』, 「추수」秋水. 곽경번 판본, p.568.

4 예를 들어 다음을 볼 것. 크리스토프 합스마이어Christoph Harbsmeier, 「중국과 서양에서 시간과 역사의 몇몇 개념, 저술의 인류학에 대한 주제 이탈 논증」(Some notions of Time and of History in China and in the West with a digression on the anthropology of writing), 『시간과 공간』(*Time and Space*), eds. Chun-chieh Huang and Erik Zürcher, Leiden: Brill, 1995, p.49. 또는 Wu Kuang-ming, 『공존의 논리에 관하여, 문화 해석학』(*On the «Logic» of Togetherness, A cultural Hermeneutic*), Leiden, Brill, 1998, 「중국의 시간」(Time in China) 참조. 줄리앙은 『시간에 관하여』에서 이 개념들을 논의한다. p.35 이하.

문화들 사이에서 드러나는 간극을 추적하자마자, 어떤 매우 특이한 선입견으로 그리스 사유는 시간 개념을 가공해야 했으며 중국 사유는 무슨 이유로 시간 개념에서 벗어나 있는지 너무 선명하게 확인할 수 있다.

　그리스는 적어도 중국이 비껴가는 세 이유로 시간을 사유해야 했기 때문이다. 시간을 사유하기 위한 입구 중 첫 번째는 그리스 자연학의 선입견과 관련된다(아리스토텔레스, 『자연학』 4권). 그리스 자연학은 '자연'을 운동하는 물체의 관점에서 논의함으로써 동체 A의 동체 B로의 이동, 즉 출발점과 도착점을 설명하기 위하여, 이미 살펴본 것처럼, "이전과 이후에 따른 운동의 수"로서 '시간'을 개입시킨다. 그런데 중국은 우리가 '자연'이라 부르는 것을 운동하는 물체 또는 요소들이 아니라 상관 요인들(음양)의 관점에서 논의했다. 이 요인들의 양극성은 그것으로부터 모든 생성이 비롯하는 것이다. 첫 번째 입구의 경쟁자로서 두 번째 입구는 형이상학과 관련된다. 그리스 형이상학은 시간을 영원성과 대립시키는데, 여기서 시간은 이제 분할 가능하고 연속된 크기가 아니고 끝없는 계기와 변질이 결합된 측면의 시간이다. 존재만이 '항상 있으므로'aei on 영원한 반면, '영원'의 '움직이는 이미지'인 시간 속에서 모든 것은 '생성한다'. 적어도 우리가 (플라톤-플로티노스의) 문구를 이렇게 읽는다면, 시간은 영원에서 '실추'된 것이다. 그런데 중국은 언제나 스스로와 동일한 것의 '영원'을 사유한 것이 아니라, 투입된 힘이 결코 고갈 없이 쇄신될 수 있도록 하는 '끝없음' 또는 '무궁'無窮을 사유했다. 이것이 바로 사물들의 운행의 근저로서 중국인들의 '하늘'(天)이다.

　마지막으로(마지막이 아니라 오히려 우선이 아닐까?), 유럽 언어들은 동사 변형이 있다. 유럽 언어들은 시간을 과거/현재/미래로 형태론을 통해 분리하며, 따라서 우선 시간을 어떤 시간에서 다른 시간으로의 이행으로 생각한다. 시간을 사유하기 위하여 아우구스티누스는 라틴어로 '~로부터'unde, '~를 거쳐'qua, '~로'quo, 그리고 네 번째 경우 '곳'ubi, 즉 '우리가 있는' 곳, 더 정확히는 신은 영원에 마련된바, 신이 '있는' 곳과 같은 장소의 문제들을 다루면서 미래'로부터' 현재'를 거쳐' 과거'로' 이행한다고 말한다. 그런데 중국어에는 동사 변형이 없다. 중국어는 경우에 따라 과거나 미래를 나타내지만, 명확히 지시된 시간을 통해 동사 변형을 실행하지 않는다. 나아가 중국의 기본 표상은 항상 양극성으로서 두 항이지 세 항이 아니며, 나는 이를 최대한 문자 그대로 다음과 같이 번역하겠다. 과거는 가고 현재는 온다(往古今來). 과거는 가기를 멈추지 않고 현재는 오기를 멈추지 않는다. 이행과정으로의 회귀이다.[5]

　중국 사유는 시간의 문제에 들어가기 위한 이런 (유럽) 입구들을 거치지 않음으로써 시간을 정확히 말해 '문제'로 삼을 필요가 없었다. 시간의 문제의 정합성을 확인하기 위해 사물들 및 처신의 운행, 절차와 과정 모두를 동시에 그 세勢와 사용법(중국어로 도라고 총칭되는 것)에 따라 탐색했고, 이런 탐색은 가장 적은 층위에서 가장 광대한 층위까지, 한 사람의 삶 또는 세상의 지속 기간에 걸쳐 이루어졌다. 그렇다고 해서 그런 절차와 과정 전체를 포괄할 수 있고, 그것들의 지속 기간 및 동시성에서 분리되어 변화에 대한 우리의 지

---

5 시간의 문제로 들어가기 위한 세 입구에 관해서는 『시간에 관하여』, chap.1 참조.

각에 선험성의 틀(또는 칸트에 따르면 우리의 감성에 대한 선험 형식)
로 사용되도록 실체로 구성되는 것으로서 시간을 정립하지는 않았
다. 이와 반대로 유럽 사유는 시간을 사유할 필연성을 의문시할 생
각도 하지 않았다. 오히려 시간을 특별한 문제로, 더 정확히는 수수
께끼로 삼았다. 왜냐하면 아리스토텔레스가 이미 밝히듯이, 시간은
어떤 '분할 가능한 것'meriston이지만, 그 분할물mere들은 현존하지 않
기 때문이다. 시간은 (과거-현재-미래라는 여러 시간들로) 분할되기
때문에 시간의 일정한 실재를 인정해야 하지만, 또한 '존재'는 이 셋
중 어느 것에도 들어맞지 않는바, 이런 분할물들 중 어느 것도 실효
성 있게 현존하지 않는다. 미래는 아직 '있지' 않고 과거는 더 이상
'있지' 않으며 현재는 미래의 과거로의 이행 지점일 뿐인바 그 자체
로는 외연이 없고 따라서 현존이 없다. 그러므로 시간의 실재는 필
연코 '모호하다'고 아리스토텔레스는 결론 내린다.[6] 유럽에서 각각
의 위대한 철학은 우리를 매료시키는 이 모호함을 자기 방식대로
해명하기 위해 이에 대한 문제를 다시 전개하는 것 말고 달리 어떻
게 할 수가 없었다. 그런데 이 문제는 유럽 사유가 그야말로 지고의
경지에 이르기까지 맞서 싸웠으나 결코 여기서 빠져 나오지 못한
채 맞섰던 곤궁, 말 그대로 '아포리아'가 아닌가? 그렇다면 우리가
이 문제를 가공해야 했던 까닭은 어디서 기인한 것인가?

우리가 시간의 문제를 '가공해 냈다'고 나는 말한다. 왜냐하면 시간

---

6 아리스토텔레스, 『자연학』(Physique), IV, 218a.

의 문제는 철학이 지배력을 갖고 이 문제를 독점하기도 전에 이미 그리스 사유의 한가운데에서 오랜 모색의 여정을 거쳐 생겨났기 때문이다. 이와 관련하여 호메로스와 헤시오도스에서 '시간'은 결코 동사의 주어로 나타나지 않고, 오히려 성공과 실패가 달려 있고 귀착점과 분리되는 유예기간을 가리킬 뿐이라는 점을 떠올릴 수 있다. 호메로스와 헤시오도스에게서 '날'들emar의 흐름은 요컨대 고대 중국인들의 방식과 가까운 방식으로 이런저런 활동에 유리한 것으로서 특질처럼 지각되었던 것이다.[7] 따라서 고대 우주생성론에 대해 '논리를 갖춘' 개작에서, 즉 점차 **뮈토스**muthos에서 **로고스**logos로 이행하면서, 시간은 고유의 결정권자로 나타나고 (페레키데스에서) 제우스Zas와 땅Chtonie과 대등하게 설정되며 주체이자 위대한 주도자로서 정립된다.[8] 그러면 시간은 (한 글자를 빼고는) 동음어인 크로노스Kronos, 즉 자기 자식들을 집어삼키는 신과 어떤 점에서 혼동되는가? 또한 어떤 연관성을 통해 오르페우스교의 신비와 관련되는가? 여하튼 이제 시간은 격언시인들과 비극 작가들에게서 '모든 것을 발견하거나' '진리를 보여 주거나' '사태를 폭로하는' (탈레스, 솔론, 테오그니스) '가장 현명한 것'으로서 묘사되고, 전능한 힘으로 절대화된 것이 사실이다. 핀다로스는 시간이 '모든 것의 아버지'라고 말한다.[9] 스스로 생성되는 것으로서 생각된 시간은 사건들 자체와

---

7 리처드 브록스턴 오니안스Richard Broxton Onians, 『유럽 사유의 기원』(*The Origins of European Thought*, 불역 *Les Origines de la pensée européenne*), Seuil, 1955, p.485 이하.

8 헤르만 딜스Herman Diels · 발터 크란츠Walther Kranz, 『소크라테스 이전 단편집』(*Die Fragmente der Vorsokratiker*), I, p.47.

9 헤르만 프란켈Hermann Fraenkel, 『초기 그리스 사유의 방법과 형태』(*Wege und Formen*

독립된 채 사건들을 산출하는 계속된 쇄신의 원리로 여겨진다. 우리는 흔히 시간이 '지나간다', '다가온다', '간다' 등의 표현으로 말하는데, 이것들은 동화된 만큼 당연한 것처럼, 우리가 미처 생각하지도 않은 채 처음부터 되풀이해 온 것이다. 그러나 아우구스티누스가 주목하듯이, 이 표현들은 우리가 거기에 집중하는 순간 다시 무한한 곤혹의 원천이 되는 것이다.

실제로 올림푸스의 신들을 자기 방식대로 이어받으면서 '시간'은 완전한 외부의 존재로서 느껴지지는 않았지만, 그렇다고 온전히 내면화되지도 않았다. 비극 작가들에게 시간은 오히려 '우리의 옆에' 있고 우리를 동반하면서, 안과 밖 사이의 이행과정에 있다. 요컨대 시간은 우리가 함께 생활하며 우리의 삶과 관계하지만 아직 동화되지는 않은, 은밀하고 물러서 있는 이상한 배역이다. 클리타임네스트라는 살인을 저지르기 전에 "시간은 나와 자고 있다"라고 말한다. 시간은 내 고통의 동료로서 "나와 함께 있으면서" 나를 깨우쳐 주었다고 오이디푸스는 삶의 황혼기에 말한다.[10] 시간이 정제되고 탈신화화된 초월성의 형태로 구실한다고 해도 계속해서 인격의 위상을 가지며, 나아가 끊임없이 추상과 의인화 사이를 오간다. 아낙시만드로스는 이 점을 증언한다. 아낙시만드로스에서 생성의 필연성, 즉 존재들이 나타나고 사라지는 근거이고, 이에 따라 존재들이 서로 잇따르면서 "정당하게 서로 인정되고 회복되는" 필연성이

frühgriechischen Denkens), Munich, 1955, p.122. 재클린 드 로밀리 Jacqueline de Romilly, 『그리스 비극에서 시간』(*Le Temps dans la tragédie grecque*), 2nd ed., Paris: Vrin, 1995, chap.2 참조.

10 아이스킬로스, 『아가멤논』(*Agamemnon*), v.894. 소포클레스, 『콜로노스의 오이디푸스』 (*OEdipe à Colone*), v.7.

처음으로 확립되는 것은 "시간의 지정에 따른 것이다".[11] 여기서 "시간의 지정에 따른다"는 것은 시간 질서를 의미함과 동시에 탄생과 죽음, 계속되는 생성과 소멸을 지배하는 판관의 판결을 의미한다. 아낙시만드로스와 함께 생성과 시간의 동일성은 엄숙히 인정되었고, 이는 유럽 사유가 실존을 이루는 것을 시간의 차원에 "따라" 사유하도록 명했다.

또한 철학의 **로고스**가 우위를 점할 때, 이 로고스는 독립되어 있고 존재들을 지배하는 결정권자로 실체화된 시간을 이어받을 수밖에 없다. 심지어 더 정확히는, 더 강력한 최상권에 따라 말하자면, 시간은 존재들의 '존재'로 실체화된 결정권자이다. 그리고 이는 그리스 사상가들 중 가장 덜 신화학자인 아리스토텔레스에서도 마찬가지이다. 그가 시간을 수數와의 관계 속에서 그 척도 기능에 따른 분석을 통해 해석한 후, 그의 성찰은 **결국** 기울어진다.[12] 모든 사물들에 있어 "시간 속에 존재하는 것"은 시간의 운동뿐 아니라 그 '존재'에서kai to einai 시간에 의해 헤아려진다고 생각하는 것이다. 그런데 이런 기울어짐은 무슨 이유 때문인가? 무슨 이유로 '사물들의 존재' 일반은 운동의 수를 통해서 '시간에 의해' 헤아려지게 되는가? 그것은 아리스토텔레스에게서조차도, 자연학 차원의 시간 분석은 이런 추상화된 양상 아래 종교 차원의 전능함을 되찾는 수호자로서의 시간에 대한 문화 표상을 담아 내지 못하기 때문 아닌가? 이로부터 형이상학 고유의 초월을 통해, 아리스토텔레스 자신의 용어에 따라

11 『소크라테스 이전 단편집』, I, p.85.
12 『자연학』, IV, 221a.

"시간 속에 있는 모든 것보다 더 큰" 시간, 모든 것을 '포괄하고' 모든 실존의 틀로 구실하는 더 큰 시간을 고찰하는 쪽으로 기울어진 것이다. 더 나아가 위대한 행위자이자 파괴의 '즉자 원인'으로 건립된 시간의 의인화된 개념을 되찾는 쪽으로 기울어진 것이다. 아리스토텔레스가 표명하듯이, 이 시간은 그것이 '완수한다'고 '우리가 습관대로 말하는' 시간이다. '그것에 의해' 모든 것이 늙고 '그것에 의해' 모든 것이 지워진다는 것이다. 또한 '영원한 존재들'은 '시간 속에 존재하지 않기' 때문에 오직 영원한 존재들만이 시간에서 벗어난다.

유럽 사유는 자신에게 부정을 말하고 자신을 비판하기 위해 역사 내내 그토록 많은 노력을 기울였다. 달리 말해 끊임없이 자신과 단절하고 탈매몰화했다. 그런데 무슨 이유로 시간에 대한 이 구습, 즉 언어 안에 갇혀 있지만, 그 특이함과 문화의 흔적이 중국과 대조되어 나타나는 구습에서 벗어날 생각조차 하지 않았는가? 형이상학에 의한 존재와 생성의 대립에, 그리고 마찬가지로 신성의 마지막 변신을 대신하는 전능한 주체로서 모든 설명을 포괄할 역할에 묶인 '시간'의 구습에서 왜 벗어날 생각조차 하지 않았는가? 적어도 중국이 유럽을 접하기 전에, 그리고 시간의 개념이 세계화되기 전에는 단 한 명의 중국 작가도 시간이 이것 또는 저것을 '한다'거나 단지 '시간이 지나간다'고도 말하지 않았다. 그런데 롱사르Pierre de Ronsard가 시를 통해 다시 말하듯이, 유럽에서 '지나가는 것'은 시간이 아니라 '우리'이며, 어느 정도 넓은 범위의 층위에서는 변화의 개별 진행 과정만이 있다. 또는 파스칼을 따라(프루스트도 마찬가지이다)[13] 우리가 매우 흔히 그렇게 하는 것과 달리, 그 어떤 중국 작가도 "시간은 고통과 논란을 치유한다"고 말하지 않는다. 왜냐하면 우리도 파스칼과 마찬가지로, 변하는 것은 개개인으로서의 우리이고, 사랑처럼 "고통과 논란"도 그 자체로, 즉 그들의 경향에 따라 무관심으로 반전되거나 시간이 지나면서 고갈된다는 것을 잘 알기 때문이다.

　따라서 쉽게 지정할 수 있고 이에 따라 편리하게 지시할 수 있는 총괄 주체로 우리가 시간을 건립한 것은, 고요한 변화에 충분한 위상을 부여하지 않았기 때문이다. 즉 사물들의 눈에 보이는 출현과 눈에 보이지 않는 흡수를 동시에 설명하는 위대한 행위자를 내세워야 했기 때문이다. 또는 소포클레스의 주인공이 이 "길고" 심지어 "끝없는 시간"에 대해 말하듯이, "나타나지 않은 사물들을 드러나게 하고 나타난 것을 사라지게 하는"[14] 위대한 행위자를 내세워야 했기 때문이다. 또한 시간은 개별 진행과정과 분리되어 있기 때문에 가장 일반화된 원인이다. 그러나 그리스인들 이후로 우리가 그 본성에 대해 조금이라도 의문을 던지고 언어의 편의에서 벗어나자마자, 다시 아포리아에 빠지게 한다는 것을 아는 표면상의 원인인 것이다. 이처럼 우리는 유럽 전통이 실존을 극화하게 했고, 이미 아낙시만드로스에 따라 "더욱 시어詩語 같은 낱말들을 통해" 시간의 의인화된 모습 아래 기꺼이 원용한 종교 차원의 오래된 불안을, 파괴자로서의 시간의 사유에 또한 재투입할 수 있었던 것이다. 시간

---

13 블레즈 파스칼, 『팡세』(Pensées), Brunschvicg 판본, II, 122. 마르셀 프루스트, 『되찾은 시간』(Le Temps retrouvé), p.949. "마찬가지로 시간은 가족 간의 다툼도 가라앉힌다."
14 소포클레스, 『아이아스』(Ajax), v.646~647.

은 "삶을 먹어 버린다".[15] 시간은 "우리의 마음을 갉아먹는 모호한 적이고" "우리가 잃는 피는 늘어나고 짙어진다".

그런데 『역경』이 말하는 것처럼 사물과 상황의 '변통'을 따름으로써, "때에 맞출 수 있고"(變通趣時)[16] 때에 맞게 처신하면서 그 쇄신과 일치하며 살 수 있을 것이다. 이는 플로티노스가 아주 정확하게 말하듯이, 우리가 "존재를 결여하기" 때문에 미래를 향해 서두르고, "언제나 다른 것, 또 다른 것"을 행함으로써 "존재를 자신에게 끌어당기면서" 목적을 "향해" 돌진하는 것이 아니다.[17] 따라서 우리는 '적절한 때'(『장자』[18]에서 말하는 '안시'安時)에 삶의 안정성(평정)을 찾고 '이에 맞춰가는' '삶'의 유연성과, 하이데거가 '실존'에 대한 존재론 차원의 구조를 이룸으로써 유럽 사유의 비극 같은 방향을 고정해 버린 '앞서감'을 대립시킬 수 있겠다. 상황과 이행과정의 사상가인 몽테뉴 또한 '때에 맞춰' 사는 것을 말한다. 그러나 불가능한 현재에 대한 불안을 말하는 것은 아니다. 오직 '앞에 있음'praes-ens일 뿐이라고 하지만, 그럼에도 불구하고 이 "현재"는 이행점에 불과하며 심지어 무한히 분할 가능하고, 나아가 시간의 '원자'도 아닌바, 결코 '존재'하지 않는다는 것이 사실이기 때문이다.

그렇다면 프루스트조차도 많은 해가 흘러간 끝에 와서, 공작부인 집에서의 마지막 아침에 화자의 관심에 하나하나 드러나는 그 셀

---

15 샤를 보들레르, 『악의 꽃』(Les Fleurs du mal), X, 「적」(L'Ennemi).
16 『역경』, 「계사전」, 하편 1장.
17 플로티노스, 『엔네아데스』(Ennéades) III, 7, §4.
18 『장자』, 3장, 「양생주」養生主, p.128, 6장, 「대종사」, p.260.

수 없는 고요한 변화들을 시간의 청부계약과 신화 차원의 모습 아래 청산금으로서 갱신할 어떤 필요가 있었는가? **마지막에 갑자기,** 일종의 신의 현현 속에서 문자 그대로 최후의 심판의 반복으로 드러나는 비가시의 '본질'로 시간을 간주하는 것은 무엇이 되었든지 간에 설명을 제공하지 못한다. 한 형이상학을 다른 형이상학으로 바꾸고, 안정성이 아니라 유동성(정지가 아니라 드라마)을 봉헌하면서 존재의 절대화에서 시간의 절대화로 이행하는 것은 우리의 근대성의 진보를 구성하지 못한다. 왜냐하면 여기 우리 눈앞에서 마지막으로 재회한 파리의 호텔 살롱에는, 어떤 이들에게는 더 느리지만 다른 이들에게는 더 드러나는 늙음의 은미한 개별 진행과정들만이 있기 때문이다. 이 중대한 회귀를 기회 삼아 그 결과를 갑자기 헤아릴 수 있게 되는 과정들 말이다. 또는 역사의 더 광범위한 반전에 대응하면서, 전쟁으로 파산한 게르망트 공작을 베르뒤랭 부인과 결혼하도록 이끌거나, 여배우 라 베르마에 기인하여 라셸이 박수를 받도록 이끄는 '상황'의 '반전'만이 있기 때문이다.[19] 또는 마지막으로, 화자가 이전에 "자기 목숨보다 더" 애착했던 알베르틴이 이제는 그에게 무관심한 대상이 되기까지 감정의 극히 미묘한 변형들이 있을 뿐이다. 고요한 변화의 그 은밀한 힘, 그것이 이전에는 우리가 극히 진심으로 거부하고 심지어 단지 상상할 수조차 없어서 그야말로 불가능했던 것을, 지금은 상황에 완전히 젖어 들어 아무 소리 없이 주목되지도 않은 채 자연스럽게 나타나게 하는 데 있다.

---

19 『되찾은 시간』, p.1014.

그렇다면 다양하고 그 자체로 동시에 발생하는 이 모든 현상들에 대해 무슨 이유로 존재론의 오랜 서술 기법에 의거함으로써 시간이라는 동일한 주체-기체-토대를 가정하는가? 마침내 실체화되어 이 모든 상이한 변화들을 아무 저항도 없이 포괄하는 유일한 행위자로서 항상 의인화된 바로 그 '시간' 말이다. 무슨 이유로 옛적부터 시간은, 신경증이라고는 하지 않는다고 하지만 심리 차원의 전이를 항상 위장하는, 다음과 같은 문장을 덧붙이는가? "[…] 나의 불안을 설명하는 더 심각한 이유는 내가 시간의 파괴 작용을 발견한 것이다."[20] 그렇다. 무슨 이유로 이미 있었던 아낙시만드로스의 중대한 단편의 낱말들 같은 이 "시어 같은 낱말들"을 언제나 되찾으면서, 담론-이성의 아포리아에 대해 찾아낸 유일한 회피로서, 아직 식별 가능하지만 전혀 닮지 않은 모델을 얼굴에 "복면"을 쓰고 가장하는 배우로서 시간을 상상해 내는가? 또는 무슨 이유로 펑퍼짐한 중년 여인이 된 젊은 여성을, 그녀를 덮어 버리는 "시간의 물결을 힘겹게"[21] 밀어 내며 둔중하게 헤엄치는 사람으로 그려 내는가? 오래된, 그러나 한결같이 엉성한 이미지, 즉 공간과 마찬가지로 각 사람이 "시간 속에"(『잃어버린 시간을 찾아서』의 마지막 말) 자리를 차지할 것이라는 이미지를 드라마처럼 일깨우면서 말이다.

시간이 물질 본성이기 때문에, 그로부터 우리의 삶이 이루어지는 부정할 수 없는 시간이 존재한다고 논박할 수 있을 것이다. 그러나 적어도 뉴턴 이후로 물리학자들은 **시간과 생성**을 분리함으로써

---

20 *Ibid.*, p.930.
21 *Ibid.*, p.937.

시간 개념의 "살을 빼게" 하는 데 점점 더 관심을 기울였다. 한편으로는 현재의 순간이 쇄신되도록 하고, 같은 순간은 결코 두 번 반복되지 않는바(또는 에티엔 클렝Étienne Klein이 말하듯이, "시간이라는 배달부는 초인종을 두 번 누르지 않는다") 잇따르는 연속성을 조직하는 "시간의 흐름"이 있다. 이런 시간은 '지속'을 산출할 뿐 다른 아무것도 산출하지 않는다. 그런데 물리학을 위해서는 이런 시간만으로 충분하다고 에티엔 클렝은 우리에게 알려 준다.[22] 시간 자체가 아니라 시간 안에서 전개되는 것과 관련되는 것으로서 흔히 "시간의 화살"로 불리는 것을 다른 쪽에 놓아야 한다. 따라서 시간의 화살은 시간의 속성이 아니라 현상들의 우발성(불가역성)이다. 그런데 변화가 존재들에 영향을 주는바, 오직 이 시간의 '화살'이 생성을 구성한다. 따라서 물리학자들이 또한 말하기를, 일상 언어의 오류는 시간에 놓인 시간 현상들의 특성을 시간 자체에 부여하는 데 있다. 즉, 오류는 '시간'을 시간에서 전개되는 것과 혼동하는 데 있다. 왜냐하면 물리학은 우리에게 일어나는 모든 일에서 탈피되어 있고, 그 구조가 모든 순간들에 동일한 위상을 보증하는 시간의 흐름만을 인정하기 때문이다. 반면 생성을 구성하고 물리학이 다루지 않는 현상들의 시간 화살에 따라서만 '사건들'이 이해된다.

---

22 에티엔 클렝, 『시간이라는 배달부는 결코 초인종을 두 번 누르지 않는다』(*Le facteur temps ne sonne jamais deux fois*), Flammarion, 2007. 이 주제에 관해 의견을 나눈 에티엔 클렝에게 감사의 뜻을 전한다.

9장 사건의 신화

실제로 사건은 아무런 순간이 아니라, 돌출하는 것이며 지속이 생겨나는 계속된 쇄신에서 분리되는 것이다. ("그것은 사건이다!"라고 하듯이) 격리 가능할 뿐 아니라 그 자체로 정합성을 갖춘 고유한 존재가 사건에 귀속할 경우, 즉 마치 사건이 자신 안에 결정권이나 적어도 고유의 개별성을 담고 있는 것처럼 '자기' 산출 능력이 있다고 인정될 경우, 사건은 변화의 연속성에 균열을 들여놓게 된다. 또한 사건의 모든 인접 시기들은 핵심이 아닌 종속 요소가 되면서 어둠 속에 묻히게 된다. 사건은 예외일 뿐 아니라, 그 돌출의 영향으로써 모든 관련 가능성을 재형상화하는 격변을 촉발한다. 사건에 대해 '불시에 나타난다'고 말하는 것은 사건이 현재의 시점을 넘어서고 초과하게 하는 난입이 어딘가 있다는 것을 항상 전제한다. 프루스트는『갇힌 여인』에서 말한다. "모든 사건들은 그 발생 시점보다 범위가 넓고 거기에 온전히 담길 수 없는 것 같다."[1] 그렇기 때문에 사건이 그토록 기다려졌거나 나중에 정당화되었더라도, 또 그 맥락에 의해 설명이 가능해졌더라도, 사건은 동화 불가능한 것을 내포하거나 외부를 가리킨다. 여기서 동화 불가능한 것과 외부는 단지 인과에 의한 모든 설명을 초월하고 해석의 도움을 요청하는 것이다. 사건에는 그 기원의 수수께끼가 우리를 사로잡듯 남아 있을 것이기 때문이다. 현현顯現의 언어를 결코 완전히 포기하지 않은 현상학자들이 즐겨 말하듯이 사건의 출현은 '해독'해야 한다.

사건에 대해 나는 의심하고자 한다. 사건은 실질로, 즉 허구와 신화에 기초한 표상의 양상과는 다른 방식으로 현존하는가? 또는 거품 한 줌처럼 물결의 저변에 숨겨진 운동과 같이, 눈에 보이지 않게 진행되는 변화가 눈에 띄게 출현한 것에 불과하지 않겠는가? 이야기되는 것은 사건이며, 심지어 오직 사건만이 이야기된다는 것은 사실이다. 거꾸로 말하자면, 그리고 이미 정의定義가 될 만한 방식으로 말하자면, 사건은 이야기되는 순간부터 '사건이 된다'. 사건은 주의를 압도하고, 변화는 식별되지 않을 정도로 퍼져 있으며 전반에 걸쳐 계속된다. 그러나 사건과 변화가 이처럼 각각 말과 침묵의 영역으로 나뉜다고 해도, 사건은 변화의 부대 현상 같은 발아, 즉 오랫동안 품어진 것의 분출로 생각되어야 하지 않겠는가? 달리 말하면, 어떤 점에서 '사건'이라는 말 자체의 의미대로e-venit, 사건은 **숙성**보다는 급격한 **돌출**의 사태인가? 또는 어떤 점에서 사건은 **귀결**보다 **마주침**으로 생각되어야 하는가? 즉 이 마주침이 가정하는 바깥, 나아가 통합 불가능과 더불어 마주침으로 생각되어야 하는가?

이에 대해 항상 가해지는 논박으로 잘 알려진 것이 사랑에 관

---

1 마르셀 프루스트, 『갇힌 여인』(*La Prisonnière*), Pléiade, 1988, III, p.902.

한 것이다. 사랑은 그 사건으로 인해 모든 것이 격변하는 급작스럽고 예측 불가능한 마주침이 아닌가? 왜냐하면 다른 곳에서 돌출하며 이 다른 곳을 자기 자신과 함께 가져온 타자는 어느 날 나를 마주쳐야 하기 때문이다. '첫눈에 반하다'라는 표현은 전대미문의 다른 가능성을 열어젖히면서 갑자기 과거 전체와 단절하는 난입이 아닌가? 이런 일이 닥치리라는 것을 어떻게 조금이나마 알 수 있는가? 안나 카레리나가 어느 날 아침 기차에서 내리면서 브론스키를 마주치는 일은 순간을 넘어서 그녀의 삶 전체가 뒤흔들리는 사건이다. 하지만 이것이 정말 톨스토이가 말하는 것일까? 톨스토이는 숨겨진 힘, 내가 상기했듯이, 다 타버리지는 않았으나 은밀히 커지던 어떤 '내면의 불씨'를 브론스키의 눈길 하에 공들여 보여 주지 않았는가? 안나에게서 짐작케 하는 모습 전체에서 억제된 생동감이 나붓거리며 무언가 기다리고, 불타오르기 위해 원인보다는 모종의 배경이나 명목을 요구하고 있다는 것을 말이다. 안나의 민첩하고 단호한 발걸음에는 활기나 생동감 이상의 것이 있다. 여성으로서의 자기 삶에 대한 실망이 고요하게 커졌고 이런 실망이 아직 젊은 날의 끝까지 다다르지는 못했지만, 그래도 터무니없이 길게 이어지는 시기를 알리는 어떤 것이 이미 모습을 드러내고 있는 것이다.

이런 '사건'이 가능하려면 (안나가 브론스키에게 시선을 고정하고 곧이어 자기 삶 전체가 뒤바뀌려면) 무료한 육체가 결국 흥분하고 견딜 수 없을 정도로 많은 껍데기 같은 규범이 공공연한 단절로 기울도록 하는 조건이 무르익어야 한다. 따라서 브론스키는 결국 신학자들이 말하는 기회원인과 같은 것으로서 사랑하기 위한 '격렬한' 필요성, 즉 고민 없이 다른 사람에게 자기를 내줄 필요성에 대한 폭로자나 방아쇠에 불과하다. 젊은 여인이 여러 해 전부터 그 안에서 자신을 억누르고, 완전히 묻어 버리지는 못하고 지금까지 할 수 있는대로 회피했을 뿐이며, 나아가 그녀의 우아한 조심성으로 자신에게조차도 감추는 필요성 말이다. 그의 선한 의지에도 불구하고 브론스키가 결코 그녀를 마주치지 못하고, 소설 속에서 실제로 드러나듯 그녀가 고립되어 자신의 사랑 속에 항상 혼자 있다는 것이 그 증거이다. 그녀의 사랑은 유혹의 흥분에서 고독한 자살로 고요하게 전환된다. 각자는 상대방에게 투입의 대상이고 나아가 모든 투입의 대상이지만, 두 사람의 역사는 각각 자기 고유의 논리를 조용히 따름으로써 그리고 간섭을 넘어서 평행하게 이루어진다.

또는 '9·11 사태'를 내세울 수 있을 것이다. 9·11 사태는 세계의 역사를 전환시켰고, 이 사태가 새로운 가능성들을 일으킨 만큼, 그 누구도, 심지어 이 사태를 준비한 이들조차도 이것이 촉발한 모든 것을 예상할 수 없었던, 그야말로 갑작스런 사건이 아닌가? 그러나 이에 대해서도 나는 관점을 뒤집을 수 있다고 생각한다. 혹시 사건이라는 것이 있다면, 이 사건은 그야말로 '세계화'라는 이름의 변화, 정확히 세계 전반에 걸치기 때문에 고요하게 머물러 있는 변화가 처음으로 그 파열한 모습대로 소란스럽게, 심지어 큰 구경거리처럼 눈에 띄게 '출현'한 것으로 볼 수 있기 때문이다. 즉, 마지막 '장벽'이 무너지고 이제 모든 국가가 함께 협의한바, 계몽주의가 낳은 일종의 낙관론에 따라 부정성이 확실하게 역사에서 끝까지 제거되리라고 진지하게 생각할 수 있는지 질문을 던져야 하기 때문이다. 영원한 평화가 이루어졌기 때문에 끝나 가는 역사에서 말이다. 오히려 모든 역사에서 작동되고 있으면서 **결코 사라지지 않는** 이 부정성은,

세계화가 외부를 제거한 상황에서, 이제 더 이상 (냉전 시기의 미국과 소련 사이처럼) 다른 진영이나 다른 계급의 그것과 같은 외부를 겨냥할 수 없는바, 그 자체로 내부화하도록 이끌렸다고 나는 생각하겠다. 성격을 드러낼 정면 출구가 이제 없기에 이 부정성은 '테러리즘'이라는, 격리될 수 없지만 파편화되고 예고 없이 반전되는 비밀스런 형태를 취할 수밖에 없었던 것이다.

이는 실제로 **전반에 걸친** 변화이고 따라서 더 이상 눈에 띄지 않는 변화이다. 경제의 이해관계가 이제 시장의 법칙에 의해 하나의 세계 안에 너무도 긴밀하게 얽혀 있는바, 단절들이 믿음과 가치 같은 다른 차원에서 다시 형성되도록 점차 이끌린 것이다. 즉 이런 차원에서 이데올로기가 다시금 독자성을 가진 온전한 권리로 강력히 요청되고 이로부터 도그마, 희생, 의기양양한 신앙이 다시 나타난 것이다. 이것들은 국제 협력과 같은 뻔뻔한 위선은 아니라지만 절망스럽게 빈약한 담론, 즉 만장일치로 내세워진 선한 감정과 '온전한 긍정성'의 담론에 부끄러움 없이 대항할 수 있는 만큼, 심지어 폭력에 의해 그 완강함을 더욱 잘 내세우도록 이끌렸다. 따라서 나는 9·11 사태가 힘의 관계와 정치 행위의 난폭한 변천을 내포한다는 것을 부정하지 않지만, 동시에 이 사태가 부정성이 다시 모습을 갖추고 **고요하게 숙성된** 결과라고 생각한다. 또한 이 고요한 숙성은 이 급작스런 돌출과 평행하게 (아프가니스탄에서의 전쟁과 같은) 만성화된 발현을 가지고 있지만, 이 사태의 경우 거대한 사건의 자극성과 드라마 같은 압축의 효과 아래 감춰져 있었다.

왜냐하면 사건은 단지 주의력을 독점하는 것이 아니라 서사를 구조화하고 서사의 극화에 기여하는 것이기도 하기 때문이다. 이 점에서 사건은 분명 **뮈토스**를 구성하는 요소이다. 그런데 유럽 문화는 거대 서사의 도움으로, 따라서 신화의 논리로 기본 표상들을 가공했기 때문에 사건의 문화로 정의될 수 있다고 나는 생각한다. 사건이 산출하는 단절과 사건이 열어젖히는 모든 전대미문, 그리고 사건이 허용하는 초점화와 이에 따른 긴장, 따라서 또한 파토스pathos에 의해 사건은 유럽 문화가 절대 포기하지 않은 매력을 보유한다. 유럽 문화는 사건이 나타내는 매혹과 영감의 특성을 열렬히 (정열에 이끌려) 천착했기 때문에 결코 그것을 포기할 수 없었다. 유럽 문화에서 신앙 자체는 절대화된 사건들로 이루어지지 않았는가? 유럽 문화에서 영원은 시간을 마주치러 나타나며, 따라서 창조, 육화, 부활 등의 난입은 총체를 이룬다. 왜냐하면 기독교는 기묘한 종교로서, 이 종교에서는 선지자가 세상의 신인바, 신의 삶이 모든 역사와 단절하고 시간을 재형상화하는 사건이기 때문이다. 우리의 문학 장면에서도 사건이 나타내는 매혹과 매료의 도취를 부각하는 데 모든 것이 집중된다. 호메로스든 핀다로스든 비극 작가들이든지 간에, 모두가 연작과 에피소드의 기억할 만한 짜임 속에서 이해되지 않는 사건의 산출, 가장 일반화된 것의 특수한 사례가 아니라 환원 불가능한 사건의 산출을 목표로 한다. 한계에까지 다다른 비교 불가능하고 통합 불가능한 사건, 동시에 숭고와 끝없는 의문의 원천이 되는 사건 말이다.

　이 점에서 사건은 유럽에게 그토록 소중한 단절의 이데올로기를 가장 잘 뒷받침함으로써 오늘날까지도 끊임없이 철학을 풍부하게 하고 있다. 알랭 바디우Alain Badiou는 주체의 '구성'을 위해 요구되는 것은 대상으로서 주어진 것 이외에 반드시 개입해야 함을, 즉 상황들 자체만으로는 설명할 수 없는 것으로서 상황들에서 돌발 출현해야 한다는 점을 고찰한다. 그리고 상황들의 활기 없는 관성과 대조하여 이런 **보충**을 "사건"으로 명명한다. 이때, 그는 사건을 조건 지어진 상태에 대한 가능한 난입, 따라서 자유의 긍정을 위한 유일한 길²로 삼는 유럽 신화의 자취에 온전히 머물러 있는 것이다. 실제로 바디우는 사도 바울이 그리스도(의) 사건을 구성하는 방식(게다가 그가 매우 잘 묘사한 방식)을 혁명에 투입한다. 자기 모습 그대로의 동물성을 넘어섬으로써 '주체'가 구성되려면, '무엇인가 있음'에 평범하게 기입된 것으로 환원될 수 없는 어떤 일이 반드시 일어나야만 한다고 정립해 보자. 그리고 이제 이와 같은 사건 차원의 보충이 구성하는 요청의 관점에서, 즉 이 사건에 대한 '믿음' 속에서, 오직 상황에 관계하는 결심만으로부터 윤리의 유일한 기초인 진리의 절차가 드러난다고 고찰해 보자. 이는 다시 한 번 사건에 의해 열린 단절을 '실존'의 활성화 조건으로 삼는 것 아닌가? 단절에 대한 그 뿌리 깊은 유럽의 신화를 넘어서, 나아가 거대한 서사의 종말을 넘어서 전통이 온전히 존재하도록 하는 연속성은, 분명 종교 메시지 자체보다는 사건의 불규칙한 돌출을 거쳐 전대미문 또는 미지의 다른 차원을 드러나게 하는 방식에 더 기인한다. 즉 진행 중인 상황들에 대해 아직도, 그리고 계속 '기적'에서 비롯하는 환원 불가능하게

---

2 알랭 바디우, 『존재와 사건』(*L'Etre et l'événement*), Seuil, 1988. 다음 저작들도 참조. 『윤리학』(*L'Ethique*), Hatier, 1993, 『성 바울, 보편주의의 정초』(*Saint Paul, La fondation de l'universalisme*), PUF, 1997.

다른 것의 차원을 드러나게 하는 방식에 기인하는 것이다.

다른 한편으로, 나는 현상학자들이 사건의 이런 통합 불가능한 출현에 매료되었다는 것, 따라서 그들이 이런 출현에서 그야말로 '나타남'을 가장 잘 나타나게 할 수 있는 '현상'을 가장 강한 폭로자로, 더 정확히는 그 자체로 유일한 폭로자로서 본다는 것을 이해한다. 따라서 이는 현상학의 관심에서 분리될 수 없는 것이다. 현상학자들 역시 언어를 해방시키고자 하며, 변화 아래에 전제된 '사물' 없이 변화를 사유하고자 한다. 그리고 이를 위해서 존재와 인과성의 범주 하에 변화를 즉각 들어오게 함으로써 주체에게 변화를 지정하는 술어 기능 구조로부터 변화에 대한 언술을 해방시키고자 한다. 이는 사건에 대한 동사('발생하다', '출현하다', '산출되다' 등)를 행위자와 실체에 의존되게 하지 않고, 오히려 이들 간의 관계를 그야말로 전복할 것을 요청한다. 왜냐하면 클로드 로마노Claude Romano가 탁월한 저작에서 주목하듯이,[3] 명료함은 '명료하게 할' 때 나타나며 이 명료함은 그 귀결일 뿐이기 때문이다. 이 '세계' 자체가 오직 이 관계 속에서 열리고 전개되는바, 각 사건에서 세계의 도래를 다시 이해하는 것은 바로 이 대가일 것이며, '근원'이 재발견되는 것은 바로 이런 대가에 의해서이다.

그런데 존재, 실체, 주체의 지배에 대립하여 인정된 순수 동사성(활동성)의 요청은 사건과 별도로 권리를 확립하는 요청 자체인바, 일단 우리가 우리 언어의 형태론에서 벗어나면 이런 요청에는

---

3 클로드 로마노, 『사건과 세계』(*L'Evénement et le monde*), PUF, 1998.

무슨 일이 일어나는가? 내가 이미 유의했듯이, 중국어와 같이 하나의 낱말이 동사-명사-형용사로 모두 쓰이는 언어로 넘어 갈 경우 무슨 일이 일어나는가? 스토아주의자들은 마치 인과성을 다시 조직하듯이 '비물체들'에 대한 이론을 통해 사건을 술어 의존성에서 해방시키는 사건 명제의 위상을 적절히 발전시켰다. 그러나 그들은 이런 위상을 다시금 명사와 동사의 차이 안에 고정시키면서 그것을 수행한다. 그런데 다음과 같은 사실이 나를 다시금 멈칫하게 한다. 중국어에서 '명'明은 '밝히다'-'밝은'-'밝음'을 동시에 의미한다. 유럽 언어에서 명사와 동사 사이에 확립된 중대한 대립이 중국어에서는 지워진다. 그렇다면 '사건들'이 '사물들'과 거칠게 분리되는바, 유럽에서 우리의 사유를 분열시키는 방식대로 사건들과 사물들 사이에 벌어진 중대한 갈등은 여전히 타당한가?

언어가 우리를 그 안에 고정시키지만 이로부터 우리는 생각조차 하지 못하는 편견의 상류로 거슬러 오르기 위해 다시 나아가게 된다. 이국의 창으로서가 아니라 지렛대를 사용하듯이 중국의 간극을 다시 가동하는 것이다. 이는 우리의 철학 문제들, 그리고 더 나아가 요지부동이 되어버린 그 선입견들을 움직이게 하기 위해서이다. 다음의 질문을 던져야 하기 때문이다. 중국 사유, 그리고 더 일반화하자면, 철학에 대비해 매우 빈약한 용어로 '지혜'라고 불리는 것의 고유성은 그야말로 사건을 해체하는 데 있지 않은가? 내 생각에 중국 사유와 지혜의 일관성과 그 매혹의 힘은 이로부터 비롯한다. 이 매혹의 힘은 동시에 탈-초점화와 탈-극화劇化(감히 말하건대 탈-수축)에 속한다. 실제로 탈초점화와 탈극화는 사건이 주의력을 독점함으로써 촉발하는 흥분으로부터 우선 우리를 해방시킨다. '고요한 변화'의 사유는 마치 그 귀결처럼 논리에 맞게 이 점에 귀착한다. 고요한 변화의 사유에서 사건은 끊임없는 도래에 불과하며, 난입이 아닌 출현의 질서에 속한다. 사건은 다른 가능성을 생겨나게 하기보다는 우리가 통상 따를 줄도 모르고 관찰할 줄도 모를 정도로 감지하기 힘든 숙성의 결과로서 이해될 뿐이다.

따라서 지혜가 의거할 자원은 예외의 분리, 그리고 주어진 것에 대해 사건이 구성하는 '보충성'이 아니라, 시의적절하게 나타나는 모습대로의 모든 '때'의 상황, 그것을 거두어들이기를 배워야 하는 상황이다. 즉, 특정 때의 특성들을 통해 잠재성의 상태로 이미 그 도래할 반전이 감지되는 것이 사실인 한, 우선 특정 때를 특권화하거나 다른 나머지 때에서 제외하지 않고 모든 때를 동등하게 유지해야 한다. 따라서 지혜가 끊임없이 가르치는바, **모든 때가 좋은 때**라는 것이다. 이는 단지 스토아주의가 주장했듯이, 그때를 대면하고 우리를 성장시키기 위한 (우리를 단단해지게 하기 위한) 우리의 노력을 요청하는 덕의 기회occasio virtutis로서 그런 것이 아니라, 모든 때는 다른 때로 쇄신되면서 '적절하기' 때문이고 지속이 전개되기 위해 다른 때와 정당하게 교대하기 때문이다. 현자는 모든 때와 발맞추는 '시의적절한'[4] 존재이다.

중국 사유는 매 순간 작동하는 이행과정의 현상에 천착함으로써 사건의 마력을 해소하는 쪽으로 향할 수밖에 없었다. 고대 중국

---

4 『장자』, 「대종사」, p.230.

은 서사시도 또 극화로서 구성된 극작품도 짓지 않았다는 점을 기억하자. 고대 중국은 한결같이 **때에 맞는 적응**을 위해 사건의 예외성을 희생시켰다. 앞서 살핀 쌍을 되돌아보면, '변'變은 '통'通에 작용을 가하면서 전개과정에 맞물려 있고 전개과정에서 분리될 수 없으며 격리되기는 더더욱 불가능하다. 그렇다고 해서 중국 사유가 모든 단절을 피한다는 것인가? 즉 중국 사유는 돌발성을 도외시하는가? 단절과 돌발의 성격을 규정하고 관리하는 동시에 '우발성에 의한 마주침'(적연適然, 우연偶然)의 피할 수 없는 현상을 정당화하기 위해서 중국 사유는 그들이 변화의 은미한 낌새(『역경』에서 '기'幾의 개념)로서 생각한, 그야말로 변화의 초기 단계를 이루는 것에 주의를 집중했다. 이것은 가까스로 시작된 것이고 어렴풋하지만 아직 모습을 드러내지 않는 것이다. 중대한 순간이 있다면, 그것은 바로 『역경』에서 말하듯이 현자와 전략가가 그 '가장 깊은 데'까지 탐색하는 가장 '미세한' 단계이다. 이 단계에서 변화는 도래할 길을 다시 열기 위해 나타나기 시작하는바, 예상되지 않은 일은 아직 경향이 정의되지 않은 상태의 것에 때맞춰 섞인다. 이에 따라 예측 불가능성은 생성을 배태하므로 가능성의 새로운 싹들이 나타나는 것이다. 낌새가 가까스로 드러나자마자, 시작된 경향은 그 자체로 자기 전개로 이끌린다. 그리고 우리가 결국 확인하는 것은 그 경향이 '사건'의 극히 놀라운 출현으로 크게 귀결되는 것이다.

한편 '사건'을 중국어로 어떻게 말하는가? 서양어의 '사건'을 번역하기 위해 현대 중국어는 '일'(또는 '상황')의 '조각' 또는 '부분', 즉 사건事件이라고 말한다. 예를 들어 1989년의 '천안문 사건'이라고 한다. 즉 중국어는 그리스어 'pragma'에 해당하는 '사실'의 차원만을 고찰할 뿐, '일어나는'(to sumbebekos), 또한 라틴어에서 'eventus'(유럽어로는 'event', 'evento', 나아가 'Ereignis'?)로 말하듯이, 닥쳐오거나 산출되는 것을 동시에 고려하지 않는다. 그때까지 서로 몰랐던 두 세계의 첫 번째 만남을 고찰한다면, 불교의 동화가 천 년 일찍 이루어진 것에 비해 기독교가 중국에 진입하기 어려웠던 핵심 이유 중 하나로 단절을 이루는 사건의 위상으로부터 기독교 신앙이 비롯된다는 점을 꼽는 것이 이제 이해될 것이다. 실제로 끊임없는 전개와 교대를 통한 쇄신의 관점에서 볼 때, 물론 예고되었으나 시간의 흐름 속에서 단호하게 단절하는, 따라서 이 불가능을 통합하기 위하여 신앙을 요청하는 급진성의 사건 관념에 자리를 내주는 것이 어떻게 가능하겠는가?

중국 사유로서는 그 낌새의 미세함으로부터 무한에 이르기까지 이루어지는 절차들의 전개에 끊임없이 의거함으로써, 단절을 '믿을' 필요가 없었다. 그리고 이런 점을 중국 사유는 모든 진화 과정에서 가장 엄밀하게 확인한다. 예를 들어 건강을 고찰해 보자. 유럽 의학은 지금 여기의 행동에 의거하여, 진행 중인 흐름을 적나라하게 단절하기('수술하고' 의료 처치를 실행하기)를 개의치 않는다. 반면, 중국 의학은 치료나 식이요법에 따라 긴 시간 동안 전반에 걸쳐 스며드는 변화에 의한 간접 영향의 힘에 의거한다. 또는 '양생'養生 절차에 정통한 이들(혜강嵆康이 증인이다)[5]이 우리에게 말해 주듯이, 사람들은 (갑자기) 병에 '걸리지' 않는다. 이와 같은 단절로서의

---

5 혜강, 『양생론』養生論. 프랑수아 줄리앙, 『양생』(*Nourrir sa vie*), Seuil, p.136 참조.

사건은 존재하지 않는다. 처음에는 단지 매우 미세한 탈-조정이 산출된 것이고, 이것이 어느 날 갑자기 문턱을 넘고 현저해지는 것이다. 감지할 수 없게 사건으로 이끈 고요한 변화를 지각할 수 없었기 때문에 우리는 '사건'의 돌연함에 놀라게 된다.

그러나 사건은 주의를 독점하는 동시에 극화의 긴장을 창출한다. 따라서 사건은 이와 같은 이중의 지원을 토대로 오늘날 세계를 압도하고 군림하는 데 성공한 것이 아닌가? 모든 곳에서 말이다. 커뮤니케이션 체제는 신앙을 갖게 하는 일(종교)이 그 표명의 효과에도 불구하고 그토록 힘들어한 곳에서 예고 없이 성공을 거두었다. 중국을 포함하여 어떤 나라, 어떤 문화, 어떤 외진 곳이 아직 이에 포착되지 않는가? 이는 군림이고 더 정확히는 독재이지만, 오늘날 활성화되고 있는 모습 그대로의 독재이다. 이는 주변을 이루고 은미하며 배어드는 것으로서, 우리가 겨냥할 수도 없고 저항은 더더욱할 수 없다. 우리는 그것에 대해 생각하지 않는다. 왜냐하면 미디어가 지난 수십 년 간 세계 '전반'에서 영향력을 획득한 것은 고요한 변화, 그것도 그 분야에서 전형을 이루는 고요한 변화에 의해서이기 때문이다. 그런데 이 영향력은 '사건들'의 정형화된 생산 사슬에 기초한 것이 아닌가? 사건들이 실행하는 사건화는 사건들이 관심을 끌어내는 데 기여하고 이로부터 사람들이 듣고 영향을 받게 만든다. 뿐만 아니라 마이다스의 손이 만지는 모든 것이 금이 되는 것처럼, 미디어가 이야기하는 모든 것은 사건이 된다. 왜냐하면 사건은 고유의 '존재'가 없기 때문이다. 이런 이유로 사건은 고전 존재론을 벗어난다. 사건은 선별되고 처리되며 자기 주위에 말과 구경거리를 엉겨붙게 하는 방식에 따라 견고함과 성과를 갖는다. 왜냐하면 다음과 같은 질문을 던질 수 있기 때문이다. 현재를 인식하는 관점에서, 프랑스에서 반복되며 비애감을 자아내는 특정 가수의 사망 소식은 이 사망에 부여된 부연 설명이 침묵하게 하는 다른 모든 정보보다 어떤 점에서 더 의미가 있는가? 심지어 죽음이 죽는다. 들뢰즈Gilles Deleuze의 (또는 리쾨르Paul Ricoeur나 데리다Jacques Derrida의) 죽음은 단지 공표라도 되었는가?

헤겔이 신문에 대해 주장했듯이, 텔레비전 뉴스는 사건들의 조합에 불과하다. 일상의 '기도'가 아니라 조직된 구경거리를 의례화하는 것을 볼 때 그것은 명백하다. 사건-오락이라고 말해야 할까? 기독교가 내포하며 바디우가 구상한 모습대로, 허구일지라도 미지의 것으로 새로운 가능성을 열어젖히는 사건-활성화와, 텔레비전이 전달하며, 주지하다시피 모두 따져 보면 정보랄 것도 없는 사건-오락이 대립된다. 사건-오락의 신뢰성('청취율')은 사건 자체가 아닌 다른 것에서 비롯하며 우선 그 분량에 기인한다. 텔레비전 뉴스는 우리에게 정보를 준다는 명분 아래, 그 허구의 특성을 인정하는 것이므로 환상의 기초에 의거한다기보다는, 오히려 시사의 '명분'이라 불릴만한 것에 의거하여 우리에게 정보를 제공한다. 이는 ('사건-사고'라고 말하듯이) 시사 문제들의 무대와 같다. 왜냐하면 여기서 모든 것은 적어도 가장 흔해 빠진 순환 주기에 따라, 놀라게 하고-열중하게 하고-분노하게 하고-기분을 전환시키고-다시 잠잠해지게 하기 위하여 우선 이루어지기 때문이다. 한 사건이 이제 충분히 두드러지지 않고, 드라마의 관점에서 (비장함의 자원으로서) 낡아서 더 이상 이로부터는 플롯과 관심을 충분히 엮어 내지 못한다고 판단될 경우 이 사건은 곧바로 화면에서 사라지고 침묵에 빠진다. 발생한 사태가 나타내는 결과들이야말로 실제 정보임에도 불구하고 말이다. 촉발된 효과들이 어떻게 나날이 이어지는지, 어떻게 일상이 점차 회복되면서 그것을 확산하고 흡수하는지, 간단히 말해 이 사태가 어떤 고요한 변화 속에 빠졌는지 알려 주는 정보인데도 말이다.

이런 현상은 어디까지 전염되어 확산될 것인가? 왜냐하면 이 역시 내 생각에 거의 분석되지 않은 고요한 변화에 의해, 지성계의 삶이라고 일컬어지는 삶 또한 점점 더 사건들의 조립과 소비에 지배되고 정형화되기 때문이다. 게다가 지성계의 삶은 결혼이나 경주처럼 '철학 이벤트'를 번갈아 가며 새로운 직업처럼 조직하는 '사건 기획자들'의 손에 넘어간다. 지성계의 삶에서도 시장이 만들어지기 때문이다. 독점의 상업 논리, 즉 책을 여타 상품으로 간주하는 논리에 따라 이제 어떤 책의 '출간'조차도 철저히 이런 쪽으로 정향된다는 점을 누가 모르겠는가? 사건은 이를 밀어붙이는 강요가 된다(동일한 순간에 모든 미디어, 동일한 표현과 사진 등이 가동된다. 나는 북경과 파리에서 『해리포터』가 똑같이 쌓여 있는 것을 보았다). 얼마 안 되는 시간 안에 책이 팔리고 소비되고 절판되고 잊혀진다. 이런 책은 다른 책에게 자리를 내주며, 관리해야 할 장애물조차도 아니다. 이는 모든 점에서 이윤 활동이다. 더 주목할 것은 이런 사용법이 시효를 가진 규정이 된다는 점이다. 사건을 이룰 수 있는 것을 오늘 예측함으로써 책들이 집필되는 것이다. 프랑스에서 '홀로코스트', '68년 5월', 베이징 올림픽 등이 사건을 이룬다. 서점의 테이블은 한 책으로 뒤덮였다가 다른 책으로 뒤덮으며 대중은 이쪽으로 머리를 돌렸다가 저쪽으로 돌린다.

내가 지금 이 문장들을 쓸 때, 잉그리드 베탕쿠르Ingrid Betancourt 가 풀려났다는 소식이 나왔다. 마침내 진짜이고 격리 가능하고 펼쳐 놓을 수 있으며, 기다려졌고 견고한, 의심할 수 없는 사건이 나온 것이다. '어느 날' '몇 시' '어디에서' 이 사건이 일어났다. 이전-이후가 있는 것이다. 이제 안도감이 세계에 전파된다. 어쩌면 심지어 이런 기대와 앞선 압박이 사건을 잠재된 상태로 끌어올려 발생시킨 것일지도 모른다(이 점에 대해서도 나의 분석을 다시 취할 수 있다면, 작전이 추진될 수 있었고 행동이 성공할 수 있었던 것은 적대 세력의 힘이 점차 약해지고 그들의 주도력을 다른 쪽으로 기울게 한 고요한 변화 덕분이다).

그럼에도 불구하고 인질의 석방 같은 이런 유형의 사건이 일어날 때마다 나는 그것이 가장 의심하기 힘들고 가장 견고한 것이지만 이런 사건이 미디어에 의해 붙들려 소비되고 밀려나는 방식에 놀란다. 사건은 곧바로 사건 놀이를 한다. 왜냐하면 사건은 '소비되기' 때문이다. 사건은 우리의 삶에 어느 정도 강도를 주기 위해 소비되고 나아가 우리는 사건을 즐긴다. 파토스는 곧바로 조율되고 펼쳐지고 고갈된다. 사람들은 세상과 함께 관대하게 공감하는 편리한 인상, 나아가 편안한 정당화를 스스로에게 부여하지만, 이는 무감각에 충격을 주려는 손쉬운 기회에 불과하다. 마침내 매달리고 관심을 가지며 이야기할 어떤 것을 가질 기회에 불과한 것이다. 고착화와 독점의 효과, 즉 갑자기 나머지 모든 것을 잊게 하고 곧 지워질 한순간의 돌출을 산출하는 이런 효과는 항상 나를 놀라게 한다.

나는 부부가 테이블로 가기 전에 바다 앞 테라스에서 평화롭게

술을 마시고 있는 것을 바라본다. 그들은 서로 아무것도 말할 것이 없고 기다리는 것조차 없어 보인다. 활력 없는 그들의 얼굴은 질식 상태에 가깝다. 이들은 생명을 구해 줄 일말의 생생한 물줄기도 없이 삶터 밖의 모래 위에 던져진 두 마리 물고기와 같다. 엉뚱할 정도로 노출된 절망에 따라, 열정을 가지고 매달려야 할 어떤 형이상학 차원의 '보충'이 바로 '사건'이다. 어찌 보면 그들은 마치 움직여야 할 어떤 거대한 무게가 있었던 만큼의 노력과 함께, 이따금씩 몸을 조금 흔들며 서로 질문을 던지지만 그것을 움직일 수 있다고 믿지도 않으며 희망도 없다. "당신 혹시 […] 알아?" 그러나 처음부터 이 질문은 무엇인가 알려 줄 것을 기대하는 질문이 아니다. 그들은 자신들에게 조금이나마 움직일 우연, 들어 올리게 할 강도를 마침내 제공해 줄 한 조각의 사건을 절망하듯 구걸하고 있다. 물론 손에는 구조를 위한 부표처럼 휴대폰이 놓여 있다. 우리 모두는 그 상황에서 통화를 주고받는 소리를 들었으나, 휴대폰이 울리는 소리의 짧은 놀라움이 지나고는, 알게 되는 것은 아무것도 없다. 나는 내일이면 볼 수 없을 테지만 그토록 붙잡고 싶은 저 끝없는 푸르름에 매혹되어 그 부부를 돕기 위해 무엇이라도 할 준비가 되어 있을지도 모른다. 오늘 저녁 최소한 이야깃거리가 될 만한 어떤 일이 마침내 그들에게 '일어나고' '발생하도록', 그들의 숨통이 트이도록 위험을 경고하거나 테이블을 뒤집을지도 모른다.

10장 부족한 개념: 역사, 전략, 정치

나는 17세기 중국 철학자 왕부지王夫之가 쓴 역사에 관한 대작의 한 쪽 모퉁이에서 '고요한 변화' 개념을 마주쳤다. "은밀한 이동과 고요한 변화(潛移默化)가 어떻게 하루 만에 일어날 수 있는가?"[1] 이 개념은 여기서 더 전개되지는 않으나 왕부지 사유 전체에 뿌리 박혀 있다. 필경 중국 역사의 가장 중대한 변천인 기원전 221년 제국의 확립을 사례로 생각해 보자. 이 제국은 봉건제를 대체하는 세계 최초의 행정 구조의 제국이다. 이 제국과 비교할 때, 카이사르 사후 매우 신중하게 형성된 로마제국은 과감하지 못한 혁신의 모습을 보여 준다. 이는 팔라티누스 언덕의 아우구스투스 황제 궁정의 몇몇 방이 입증한다. 그런데 중국 사상가 왕부지는 혹시라도 중대 사건이랄 것이 있다면, 어떻게 이 중대하고 공공연한 단절을 이루는 사건이 실제로는 그 '정합성'과 '이치'(理)의 탐색이 가능한 근본 방향 또

---

1 왕부지, 『독통감론』讀通鑑論, 베이징: 중화서국, 2권, p.382.

는 '대세'大勢에서 비롯한다는 것을 제시하고자 한다. 물론 첫 번째 황제의 강압에 의해 내려진 결정으로 인해 폭력과 피로 얼룩진 제국의 통일과 봉건제에서 관료제로의 변천은 급작스러운 혁명을 일으키는 것처럼 보일 수 있다. 그럼에도 불구하고 역사의 급격한 변동 아래에서 우리는 변화의 경향(勢)과 이치(理)의 특성을 동시에 나타내는, 더 느리고 한결같은 진행과정을 식별하지 않을 수 없다.[2]

고대 말기에 봉건 군주들을 잃은 많은 영토가, 첫 번째 황제가 새로운 권력 형태를 강요하기도 전에 이미 관료제 유형의 통치하에 들어갔다는 것이 그 증거이다. 따라서 새로운 체제는 이미 황제의 결정 이전에 존재했던 것이고 황제의 결정은 그 체제를 체계화했을 뿐이다. 다른 한편, 첫 번째 왕조가 끝나자마자 한漢나라의 복원자들은 20년도 안 되어서 봉토封土 체제로 되돌아왔다. 이는 개혁의 주창자인 첫 번째 황제가 남긴 나쁜 기억뿐만 아니라 이전의 봉건체제가 아직도 습관과 정서에 각인되어 있었고, 역사의 흐름을 주도해 온 경향은 이처럼 급작스런 변화를 감당할 수 없었다는 점을 말해 준다. 그러나 왕부지가 말하기를, 이는 진정으로 역행할 수 있었다는 것이 아니다. 왜냐하면 제국의 새로운 주도자들이 큰 봉토의 하사를 통해 자기들의 힘에 손상을 가하고 중국을 과거처럼 제후들 간의 전쟁 시기로 되돌리는 것을 두려워한 이들은, 이미 진행이 시작된 과정의 '이치에 맞기 때문에' 거스를 수 없는 성격을 이해하지 못하고서 '헛되이 한탄'했기 때문이다. 한나라의 권력이 일단 강화

---

2 프랑수아 줄리앙, 『사물의 성향』(*La propension des choses*), Paris: Seuil, 1992, p.160 이하 참조.

되자, 봉토 군주들의 반란은 새로운 왕조의 첫 세기 내내 실패할 수밖에 없었고 "꺼져 가는 등잔의 마지막 불꽃"을 나타낼 뿐이었다는 것은 명백하다. 봉토의 하사는 "끝나 가는 세계"의 "마지막 물결"을 나타냈고 봉토가 거의 폐기된 것은 도래할 시기의 '전조'를 구성한다.

사건은 돌출하듯 나타나지만 이처럼 사건의 이전과 이후에 흡수된다. 상류에서는 은미한 숙성으로부터 사건의 앞선 형국이 생겨난다. 하류에서는 이루어진 변화의 완만한 동화同化에 기인한 동요가 오랫동안 지속될 것이다. 동시에 이 변화에 대해 왕부지는 그것이 전반에 걸쳐 이루어진다는 것을 밝히는 데 관심을 둔다. 봉토에서 군현으로의 이행은 행정과 정치 관련 사안만이 아니라 백성의 삶 전체, 그리고 무엇보다도 백성의 생활 조건과 관계된다. 교육 체제와 선발 방식과 같이 이런 변천에 가장 덜 직접 관련되어 보이는 영역조차도 이와 같은 변화 양상에 연루된다. 같은 시대의 모든 기관들이 결합하고 "서로 지원하는바" 역사가가 이 모든 다양한 각도에서 식별해야 하는 것은 그토록 많은 영역을 서로 연결하는 전체의 변화인 것이다.

그런데 유럽에서 우리는 우선 역사를 왕들의 생애 기간, 전쟁, 조약과 같은 사건의 양상으로 배웠다. 1515년 마리냥Marignan, 어린 시절 프랑스에서 모두 이 마리냥 전투의 연도를 배웠다. 그런데 '마리냥'은 그 자체로는 당연히 아무것도 아니다. 이 전투는 이겼다가 곧바로 진 전투이다. 이 전투에서 우리는 특히 프랑스 군대가 이탈리아로 진입한 덕분에 루아르를 수놓는 우아한 성들을 획득했다. 그 후 아날학파와 페르낭 브로델Fernand Braudel의 가르침이 등장했다. 브로델은 전통에 따라 "짧은 시간, 개인, 사건"에 주의하는 서사, 즉

"급하고" 드라마 같은 서사 곁에, 거대한 순환 주기를 탐구의 전면에 내세우고 지속에 기대하는 새로운 역사를 병치한다.[3] 19세기 역사가가 흥미를 이끌어 내기 위해 긴장과 비장함의 끈을 조종하기를 개의치 않은 채, 극히 기꺼이 그 무대감독이 되고자 한 "폭발하는" 사건, 브로델이 일컫는 바 "소란스런 소식" 옆에 수 세기에 걸친 '긴' 시간 또는 '느린' 지속, '늦춰진 시간'이 펼쳐진다. 유럽의 14세기부터 18세기까지의 상업자본주의를 연구할 때 고찰해야 하는 시간처럼 말이다. 이 경우 4세기에 걸친 경제생활 동안 많은 특성은 "변화 없이 머물러 있으며", 이 수 세기를 채우는 괄목할 변화와 다수의 사건(얼마나 소란스러운 것들인가!)에도 불구하고 전체의 일관성을 유지한다.

따라서 브로델은 두 시간을 대립시킨다. 짧은 시간과 긴 시간, 한편으로 사건의 '폭발'과 다른 한편으로 우리가 "거의 유동성의 한계"에 처할 정도로 "늦춰진" 시간을 대립시키는 것이다. 왜냐하면 브로델은 유럽의 모든 사료 편찬과 마찬가지로 **생성으로서의 시간**이라는 강요된 개념에 잡혀 있기 때문이다. 그러나 이 개념은 주지하다시피 그 자체로는 물리학 바깥의 개념이며, 그 기본 양상은 서사이다(브로델에 따르면 우리는 상이한 두 '서사'를 다뤄야 한다). 그런데 주지하다시피 중국에서 전통은 극히 중요하지만, 중국 역사가들과 역사철학자들은 '시간' 개념 안에서 그들의 견해를 전개하지 않

---

3 『페르낭 브로델의 저술』(*Les Ecrits de Fernand Braudel*), vol.2: 『역사의 야망』(*Les Ambitions de l'histoire*), Paris: de Fallois, 1997, 「긴 지속」(La longue durée), p.149 이하(Annales E.S.C., oct.-déc.1958에서 발췌).

았다. 이는 그들이 적어도 명확한 시간 개념을 갖추지 않았고 오히려 중국의 도를 이루는 끊임없는 운행을 근거로 사유했다는 합당한 이유 때문이다. 그들의 작업은 시간 개념에 대해 그만큼 장애를 겪었던 것인가? 내 분야가 아닌 이 영역에 신중하게 진입하면서, 나로서는 '고요한 변화' 개념이 사건의 짧은 시간과 대조로서 브로델이 구상하는 '긴 시간' 또는 '느린 지속' 개념과 일치하되, '부동'과 '유동'의 모순에 빠지지는 않는 큰 장점을 갖는 것이 아닌지 살펴볼 것이다. 브로델이 여기서 살짝 건드리고 있는 부동과 유동의 모순이 얼마나 우리의 형이상학에 의존되어 있는지 확인할 수 있다. 왜냐하면 브로델이 인류학자들(레비스트로스Claude Lévi-Strauss)을 참조하면서 '항속성'과 규칙성의 현상을 파악하기 위해 '구조'나 '모델' 개념에 의거할 때, 이 개념들이 불가피하게 다다르는 비−변화의 사유는 역사의 본성 자체를 구성하는 개념을 거스르며 작동한다는 것이 드러나기 때문이다. 그런데 내가 끊임없이 밝혔듯이, (역사의) '고요'는 부동성이 아니다. 이로부터 나는, 왕부지가 말하듯이, 그 전반에 걸친 본성을 볼 때 '심층의 이동'이 '고요'하게 이어지는 끊임없는 변화로 지각된 역사의 개념에서 통일성의 이점을 본다. 반면 사건들을 반향처럼 나타내는 강조점은 우리의 주의를 강하게 끌면서 전반에 걸친 심층 이동의 본성으로부터 출현하고 거기서 분리된다.

　우리가 사건의 표피를 벗어날 때, 사변의 관점에서 다른 차원의 위험은 계시와 합목적성에 의해 지배된 (사실상 매우 광범위하게 유럽 방식의) 헤겔 구도로 되돌아가는 것이다. 오직 회고의 관점에서 지양을 통해 마지막에 가서야 드러날 감춰진 진보를, 숨겨진 신을 본떠서 사건 차원의 조준하에 지각하는 것이다. 간단히 말해, 변신론辯神論과 몇 번이고 반복하여 다시 관계를 맺는 것이다. 이와 대비하여 고요한 변화 개념의 장점은 이런 신학-목적론 구성에서 벗어나게 하고 가시와 비가시의 관계를 형이상학이 아닌 방식으로 다르게 다시 구성하는 데 있다. 그러면 양자의 관계를 다시 짜 보자. 변화는 배태이고 조건에 해당한다. 사건은, 내가 말했듯이, **드러남**이다. 변화는 상류에서 숙성의 단계에서 작동함으로써 전반에 걸쳐 일어나기 때문에 항상 '고요'하다. 사건은 개별화하면서 변화에서 분리되기 때문에 변화의 표시이자 단서이다.

따라서 고요한 변화의 개념은 '일어나는' 일을 (그것을 '원인으로서 일으키는' 것보다는) 그것을 '싣고 있는' 것과 분리하고 사건의 차원과 경향의 차원을 분리할 필요성을 피한다. 오히려 이 개념은 또한 진화 과정을 모종의 기대된 강림의 이데올로기 차원에 결부시키지 않고서, 그 과정의 방향에 맞춰 따라가도록 해준다. 즉, 진화 과정에서 의미 자체와 목적을 가정하지 않고서, 따라서 모종의 실체화된 진보를 역사 속에서 찾지 않고서, 거기서 작동 중인 힘의 행로와 방향을 그 진화 과정 자체에서 탐색하도록 해준다. 나아가 이 개념은 역사를 수준이나 영역의 차이에 따라 분할하지 않도록 해줄 것이다. 오히려 이 개념은 가장 '큰 역사'와 가장 '작은 역사', 개인의 역사와 집단의 역사, 자연의 역사, 기후, 종種의 역사, 인간들과 그들 각각의 역사를 그 개념 자체 하에서 연결하도록 해준다. 삶 전체와 일말의 현상에 대해서도 마찬가지이다. 산의 침식도 세포의 퇴화와 마찬가지이다. 우리가 자각하지 못한 채, 감정을 갉아먹고 무관심으로 바꿔 버리는 것이나, 독재에 하루하루 균열을 내고 고요하게 퍼져 가면서 어느 날 혁명이 가능하다고 믿게 하고 독재를 뒤집게 하는 것이나 마찬가지이다.

역사 연구에 알맞은 고요한 변화의 개념은 현재의 분석에도 알맞지
않을까? 질문을 해 보자. (2008년 봄 여름) 프랑스의 현재는 무엇으
로 이루어졌는가? 미디어에서 앞다투어 '사건들'로서 해설하며, 매
일매일 시사 문제를 채우지만 곧바로 잊혀지는 정치인들의 '미미한
문장들'로 이루어졌는가? 여기에는 당연히 거품 몇 줌만이 있을 뿐
이다. 몇몇 조치, 예를 들어 예정된 개혁 조치로 이루어졌는가? 그
러나 이런 조치들이 취해지는 것은 이를 허용하는 전체 조건이 은
미하게 성숙했을 때 비로소 가능한 일이다. 과거에는 건드릴 수 없
었거나 훨씬 더 강력하다고 생각되었지만, 오히려 마치 골판지처럼
면마다 점차 붕괴되거나, 적당하고 작위가 되어 버린 퇴행성의 저
항만을 촉발하는 많은 이데올로기 체계는 느리게 진행된 침식에 의
해 쇠퇴했다. 베를린 장벽조차도 침식과 체계 고유의 무기력에 의
해 무너졌다. 따라서 각 시대는 자기 시대에 대해 처음처럼 다시 말
하게 된다. 헤겔이 "느리고 고요하게 숙성하는" 것과 과거 체계에서
"조각조각 해체되는" 것을 구분함으로써 중국 사상가에 대한 반향
처럼 말하듯이 말이다. "이 세계의 동요는 오직 산재하는 징후들에
의해 알려질 뿐이다." "아직 존속하는 것을 침범하는 무관심과 권태,
미지의 것에 대한 막연한 예감은 준비되고 있는 다른 어떤 것을 미
리 알려 주는 신호들이다."[4]

---

4 게오르크 빌헬름 프리드리히 헤겔, 『정신현상학』(*La Phénoménologie de l'esprit*), 1부, 서론.

아니면 정치의 현재를 이루는 것이 주기마다 실시하는 선거이 겠는가? 우리에게 약속되기를, 도래할 수년간의 방향을 정하고 나아가 '사회의 선택'을 결정함으로써, 미디어에 의해 짜여지고 중대 사건으로서 경험된 여러 선거 말이다. 그러나 선거들 자체도 멀리 상류에서부터 그 귀결을 불러일으키는 진행성의 반전을 낳음으로써 긴 흐름으로 기울어진 산물이라는 점은 쉽게 확인된다. 선거는 공공연히, 심지어 연극처럼 단절을 표명하지만, 이런 표명의 효과가 흡수되는 데는 몇 달이나 걸리는가? 선거는 고작해야 징후를 보이던 변화를 인가할 따름이거나 또는 진행 중의 진화 과정을 끊음으로써 그것을 재촉할 뿐이다. 선택하고 행동하는 인간의 신화는 민주주의에 필요하고 따라서 보존해야 할 유익한 것이다. 그러나 이런 신화가 무엇으로부터 분리되는지 감출 수는 없다. 전통에 따라 이런 신화에 대립시킨 구조의 무게나 익명의 힘이 갖는 중요성이 아니라, 오히려 그 시대의 흐름을 바꾸는 **전체 방향**과 **은미한 경향**(중국어에서 말하는 대세大勢)의 중요성을 은폐할 수 없다. 나는 특히 가장 최근의 프랑스 대선(2007년)이 어떻게 한계를 넘어선 새로운 문턱을 명백하게, 나아가 구경거리의 방식으로 출현했는지 기억하고 싶다. 그 새로운 문턱은 바닥부터의 고요한 변화로서 내가 원용하기 시작한 환경상의 미디어화로, 최근 몇 십 년간 점차 모든 공공 공간(물론 나는 이 경우 공공의 차원과 미디어의 차원을 대립시킨다)을 재조직해 왔다. 이에 따라 사생활에까지 미치는 파격성의 소비와, **스타**나 **유명인사** 같은 '인물'의 연예인화를 통해 정치 영역뿐 아니라 사법 영역 및 지성계의 삶이 오염된다.

오늘날 (유럽 전체도 마찬가지겠지만) 프랑스 지성계의 삶에 대한 고요하지만 심층의 변화를, 이제부터는 누가 종합 평가할 것인가? 해가 바뀌어 가면서 어느새 지식인의 위상은 마치 아메바처럼 두 동강이 났다. 한쪽에서 지식인의 위상은 여론의 철학을 낳았다. 여론의 철학은 자기 역할(심지어 복장)을 선택하고 그것을 정체 규정이 쉬운 '입장'으로 내걸며 모든 무대에 나가 모든 주제에 대해 의견을 제시한다. 게다가 이론상의 급진성으로 인해 미디어에 의해 소비되기 쉬운 자기 입장의 과도함을 받아들이게 하는 데까지 나아간다. 대놓고 교훈을 제공하는 여론의 철학은 무궁무진하게 반항하는 역할을 맡음으로써 '순응하지 않음'과 '적당하지 않음'의 권리를 주장하는 만큼, 더 큰 성공과 더불어 그때그때의 순응주의와 이념상의 적당한 타협 위에서 노닌다. 이 경우 채택된 기준은 공적이나 역량의 인정에 의거하는 (더 이상 통용되지 않는 개념인) 지명도가 아니라, 노출과 '눈에 보임'이다. 여론의 철학 옆에 '가공'의 철학, 즉 질문을 다듬고 개념을 산출하는 철학이 있다. 이 철학은 주목을 끌지 않기 때문에 틀림없이 그늘에 놓인다. 이 가공의 철학은 사유에서 모든 구축의 포기 위에 성공을 거두는 '선'禪(평안)이나 '자기계발'과 같이 번창하는 (그러나 책이라고 할 수 없는 것에 의해 지지된) 장르를 위해, 해가 갈수록 이 진열대에서 저 진열대로 밀려나는 만큼 뒤로 물러난 입장이다. 가공의 철학의 여백(그 독자층)은 이 두 철학 사이에서 나날이 줄어들지만, 누가 이 '심층의 이동'을 말하고 누가 이에 대해 설명하는가?

또한 상관성이 있는 그토록 많은 징후 가운데 다음과 같은 것이 있다. 사람들이 이미 말하며 그 관심사가 쉽게 포착되는 것, 즉 유행에 점점 더 육중하게 저항하는 신문의 인문 관련 부록은 우리 눈앞의 거칠거칠한 피부처럼 쪼그라들고 관련 기사들을 파편화하며, 더 이상 '어려운' 책들은 감히 다루려고 하지 않는다. 이것이 비-엘리트주의, 더 큰 민주주의와 접근 가능성의 명분이라고들 말한다(아직 역사만이 이를 피해 가고 있다). 이로 인해 출판사들은 너무 많은 노고가 필요한 책의 출간을 생각하지 않거나, 그들의 이미지를 보전하기 위해, '~하지 않기를 하지 않기 위해' 찔끔찔끔 출간할 뿐이다. 이는 20년 전의 우리의 사진을 바라보는 것처럼, 다시 한 번 그 결과를 헤아리면서 어느 날 갑자기 자각하게 되는 은밀하고 전반에 걸친 변화이다. 왜냐하면 이제 그라크Julien Gracq가 언론에 개의치 않고 소설을 쓴 일이나 바르트Roland Barthes가 주간지에 『신화학』을 발표했던 것과 같은 일은 불가능해졌기 때문이다.

생각해 보지 않는 것, 감히 시도해 보지 않는 것(침체)은 고요한 변화를 나타내는 징후의 전형이다. **징후**는 드러내는 능력에서 볼 때 어원에 따르면 파묻혔던 것의 갈래와 결합의 차원을 의미한다. 이와 대조로 단서는 표시로서 활성화되는 것 특유의 분리 능력을 의미한다. 뛸 시도를 하지 않는 것(뛸 생각을 하지 않는 것), 찬 바닷물에 몸을 담글 시도도 하지 않는 것은 늙음-포기의 징후이다. 또는 상대방에게 더 이상 말을 건넬(말할 것을 떠올릴) 생각을 하지 않고 이런 일에 주의하지도 못한 채 점점 말을 혼자 간직하며 침묵에 빠질 때, 끝나 가는 애정 관계가 전반에 걸쳐 쇠락해 가는 일을 마치 바로미터처럼 헤아릴 수 있다. 그런데 우리 안의 삶의 에너지나 타인에 대한 신뢰가 위축되는 것에 대해서는 온전하게 드러나고 관심을 끌 만한 확정된 신호가 거의 없다. 여기에는 사건은 없고 침식이 있다. 이런 위축은 겉으로 드러나지 않으며, 여기에는 **상황의 차원**

전체가 전반에 걸쳐 연루된다. 부정성의 축적 또는 분비가 나날이 두터워짐에 따라, 점점 더 탁하고 비록 보이지 않지만 묵직한 벽을 세운다. 이는 우리를 점차 과거의 가능성들에서 분리하고, 그것들을 완전히 물러나게 하고 잊히게 한다. 이는 정치의 차원에도 해당된다. 오늘날 프랑스 지도자들이 내세우는 이런저런 위기보다 오히려 걱정해야 하는 것은 (더 이상 감히 시도하지 않고 기획하지도 않으며, 감히 시도하지 않음에 대해 더 이상 놀라지도 않게 하는) **가능성들의 위축**이 아니겠는가?

이런 점에 직면하여 고요한 변화의 개념은 문제를 다시 제기한다. 고요한 변화는 행동과 모순되는 것인바, 우리는 고요한 변화 속에서 수동성에 매몰되는 대신 이 변화에 영향을 가할 수 있는가? 고요한 변화는 묘사의 개념에서 관리의 기술이 될 수 있는가? 달리 말하면, 고요한 변화를 전략 개념, 나아가 정치 차원의 사명을 가진 개념으로 삼을 수 있는가? 고요한 변화를 행동의 개념으로 전환하는 것은, 대립의 양상에서 **침식**과 적을 점차 고갈시키는 실천이 무엇일지뿐 아니라, 더 일반화하여 그리고 적극성 있는 방식으로 **유도**를 통한 관리가 무엇일지 사유할 것을 내포한다. '유도한다'는 것은 자신의 행동을 사물들의 흐름에 즉각 투영하고 거기에 행동을 부과하는 것이 아니다. 대신 멀리서, 그러나 그 자체로 전개되도록 이끌린 절차를, 그리고 상황에 스며들면서 차츰차츰, 심지어 사람들이 자각하지도 못한 채 고요하게 변화에 이르는 절차를 은미하게 가동할 줄 아는 것이다. 이는 과학에서 폭발성 있는 효과를 보이고 근대 서양 기술의 성공을 보증해 준 **모델화**의 힘과 대비하여, **숙성**의 기술이 무엇일지를 고찰하는 일이 될 것이다.

그리스 철학이 중대하게 전개한 효율성을 다루는 공통된 방식은, 존재해야 할 것을 나타내는 '관념 형상'eidos을 구상하는 것이다. 관념 형상을 계획으로 삼고 '목적'telos으로 정립하며 이 관념 형상이 (플라톤이 본보기로 묘사하는) 모델과 패러다임으로 사용된다. 이런 점은 전쟁에도 해당된다. 플라톤이 말하기를, 진군이나 전투에서 장군이 더 뛰어나거나 덜 뛰어난 것은 "그가 기하학자인가 아닌가에 달려 있다".[5] 서양에서 기하학은 이제 모델의 모델이기 때문이다 (수학은 이 모델이 쓰여진 언어이다). 이와 동시에 유럽 심리학에 능력의 두 여왕이 소환된다. 한쪽은 '최선을 근거로'(관념 형상) 구상하는 지성이고, 다른 한쪽은 그 이후에 이 최선을 사실 속으로 들여놓기 위해 투입되는 의지이다. 이는 이렇게 '들여 놓는다'는 것이 내포하는 모든 강압성과 함께 이루어진다. 이로부터 이론-실천의 관계가 도출된다. 이 관계는 극히 공통된 것이어서, 비록 우리가 '행동'의 단계에서 이론과 투영된 모델에 대비하여 '실천'의 일정 정도 상실을 항상 의심함에도 불구하고 우리가 그리 의문시하지 않는 것이다.

그런데 효율성을 고찰할 때, 특히 고대 중국의 『손자병법』孫子兵法에서 읽을 수 있는 다른 방식은 계획으로 삼고 목적으로 정립하는 관념의 양상 위에 상황을 재조직하는 것이 아니라, 우리가 이미 연루되어 있는 마주친 조건을 숙성시키는 것이다. 즉, 진행 중의 상황이 차츰 유리한 방향으로 기울고 이 기울기로부터 경사를 만들어 가면서, 따라서 모든 겨냥된 목적에 대해 우회하면서, 결과가 그 자

---

5 플라톤, 『정체』(République), VI, 526d.

체로 쓸려 가는 방식으로 고요하게 상황을 변화시키는 것이다. 상황의 한가운데서 포착된 주도 요인들이 우선은 극히 미미하더라도, 이 요인들을 증대할 줄 아는 이는 '상황 잠재력'(앞서 내가 역사의 흐름을 주도하는 경향으로서 제시한 '세'의 개념)을 자기 쪽으로 기울게 할 수 있을 것이다. 『손자병법』의 준칙을 기억하자. 적이 편안한 상태로 오면 적을 피곤하게 만들기 시작하라. 배부른 채 오면 배고프게 만들기 시작하라. 결합된 채 오면 분열시키기 시작하라, 등등. 적이 자각하지도 못한 채 그가 저항할 능력을 상실할 때까지 가도록 그를 변화시켜라. 따라서 적은 공격받자마자 패하고, '행동'은 유용하지 않게 된다.[6]

　나는 숙성의 이 전략 개념을 특히 『맹자』孟子에서 전해진 일화에서 가져왔다. 곡식이 자라기를 바라는 한 농부가 싹을 잡아당겼다. 그의 자식들이 결과를 보러 달려갔을 때 모든 것이 말라비틀어져 있었다.[7] 농부는 싹을 잡아당김으로써, 이 행동으로 직접 효과를 목표로 하면서 효과를 강제했고, 불가피하게 반反-효과를 낳았다. 왜냐하면 싹의 성장은 땅속에서 자라기만을 요구하는 씨앗의 상황 속에 있기 때문이다. 그렇다면 밭의 가장자리에서 아무것도 하지 않고 머물러서 싹이 자라는 것을 바라보고 기다리면 되는가? 물론 그렇지 않다. 맹자가 우리에게 말하기를, 모든 농부가 알고 있는 은미하지만 영웅의 행동처럼 과감하지는 않은 일을 하는 것으로 족하다. 하루하루 자람에 맞춰 흙을 고르고 김을 매 주며 가래질해 주면

---

6 프랑수아 줄리앙, 『효율성 논고』(*Traité de l'efficacité*), Paris: Grasset, 1996, chap.1~4 참조.
7 『맹자』, 「공손추」公孫丑 상편, 2-16.

된다. 성장을 유리하게, 즉 우리가 자각하지 못한 가운데 곡식이 점차 무르익고 수확하기만 하면 될 때까지, 우리 눈앞에 점차 나아가는 고요한 변화를 유리하게 해주는 것이다. 이에 대한 반향으로서 『노자』에서는 "스스로 그러한 것을 돕는다"(以輔萬物之自然)[8]라고 말하며 자연과 기술의 그리스식 대립(phusis/techne)을 해체한다. 중국은 목자의 땅이 아닌 농경의 땅으로, 자신의 무리를 말로 이끌고 말을 건네는 신에 대해 알지 못했다. 따라서 효과의 고요한 숙성을 끊임없이 성찰했다. 중국은 말과 행동을 경계했다. 왜냐하면 중국 사상에서는 말과 행동을 모두 인위성의 개입으로 보기 때문이다. 심지어 현자(공자)도 제자들을 가르치지 않는다. 현자는 교훈을 제공하지 않으며 제자들에게 어떤 계시도 전하지 않는다. 현자는 매일매일 제자들 각각에게 상황에 맞게, 마치 작은 도움처럼 또는 가래질처럼 간단한 안내를 제공하여 자극함으로써 그들 안에서 지혜가 무르익게 하는 데 그친다.[9]

이런 전략은 군사 차원에서 확인된다. 이 전략에 따르면, **효과를 유도하는 것**은 효과를 외부로부터 강제하는 것과 반대이며, 이 전략에서 숙성시키는 것은 침식 작용에 부응한다. 두 경우 모두 그리 소란스럽지 않게 긴 기간에 걸쳐 이어진다. 이 전략은 눈에 띈다기보다는 효능이 있으며 자아-주체, 즉 구상하고 원하는 자아-주체를 내세우지 않는다. 디엔비엔푸 전투는 전략들 간의 대립을 예시한다. 이 전투(하지만 사실 이것이 정말 전투였는가?)는 적을 고갈시킴

---

8 『노자』, 64장.
9 프랑수아 줄리앙, 『우회와 접근』(*Le Détour et l'accès*), Paris: Grasset, 1995, chap.9 참조.

으로써 유리한 조건을 활용하고 숙성시키는 역량의 결과가 아니었는가? 또는 감히 말하건대, 어떻게 '작은 조타수' 덩샤오핑鄧小平이 중국의 '고요한 개혁자'였는지를 보자. 어떤 계획이나 모델을 투영하기보다는, 한걸음 한걸음, 또는 덩샤오핑이 말하기를, '돌을 하나하나 쌓아 가며' 나아가는 것이다. 그렇다고 해서 이것이 우리의 관념론의 이면인 경험론(실용주의)에 다시 빠지는 것은 아니다. 왜냐하면 완고하게 구체성에 매달리는 것보다는 긴 기간에 걸쳐 작동 중인 경향과 마찬가지로 절차의 자기 전개 역량을 활용하는 것이 관건이기 때문이다.

오늘날 회고하여 확인할 수 있는바, 이에 따라 중국은 체제와 당을 온전하지만 깊이 변화된 모습으로 두면서, 끊임없는 이행과정을 통해 사회 경제 체계를 완전히 뒤바꿀 수 있었다(다시 러시아가 되고 제20회 당대회, 탈-흐루쇼프Nikita Khrushchyov, 페레스트로이카 등의 그토록 많은 단절을 겪은 소비에트 연합과 비교해 보라). 나아가 '탈-마오쩌둥毛澤東'도 마오의 상에 대한 위신 실추가 아니라, (새로운 제국을 세운 혁명의 지도자로서) '큰 조타수'의 위상에 대해 신중하게 관리된 고요한 변화였다. 베이징 올림픽은 모든 조건 또는 유리한 경쟁 관계를 큰 사건 없이 활용함으로써, 최근 수십 년간 증식을 멈추지 않은 상황 잠재력이 눈에 보이고 나아가 괄목할 만하게 출현한 결과이다. 또는 파리에서 이야기되지도 않고 심지어 사람들이 놀랄 생각조차 않은 채, 차이나타운이 고요하게 확장되고 계속 번져 가는 것을 보라. 바둑의 포위 전술을 체스의 정면성과 대립시키면서 연구하는 사람은 적을 파괴하는 법이 아니라, 점점 더 조여 가는 얽힘으로 영향력을 키워 가고 망을 구성함으로써 최대한 넓은 공간을 제어하는 법을 배우면서 이런 점을 쉽게 이해한다. 요컨대 나는 영웅주의와 행동, 그리고 관념들의 계획의 투영을 비껴가면서 중국이 발전시킨 이런 정합성과 범주를 거치지 않고서는 그들을, 그리고 현대 중국의 역사와 정치를 이해할 수 있다고 생각하지 않는다.

고요한 변화의 전략은, 그것이 특정 문화의 속성이고 이 문화를 위해 마련되었음을 의미하는가? 나는 서양의 안이한 문화보편주의와 마찬가지로 문화상대주의의 관점을 거부한다. 왜냐하면 고요한 변화 전략의 정합성이 유럽에서 개념화되어 활용되지 않았다고 해도 우리 역시 여기에 진입할 수 있고 우리의 경험에서 이를 확인할 수 있다. 인내가 필요할 뿐이다(중국 '신비'란 없다). 바깥의 사유를 거치는 이득은, 이런 우회를 통해 마침내 우리의 개념들의 이면에서 모험하고 우리의 이론 장치가 그늘에 남겨 두거나 덜 조명한 것으로 되돌아올 수 있는 한에서 오히려 이해 체계가 가져오는 이득이다. 프랑수아 미테랑François Mitterrand은 (1986~1988년 사이) 첫 번째 좌우동거 기간 동안 자신을 내세우지 않고, 적대자가 힘을 쓰고 무리하게 행동하고 이에 따라 약화되도록 이끌면서 고요하게 적대자의 입장을 침식시키는 방식으로, 그의 표현에 따라 "시간을 시간에 맡김으로써" 상황을 점차 자기 쪽으로 전환시키는 데까지 2년에 걸쳐 이 기회를 활용할 줄 알았다. 사람들은 그에 대해 (마키아벨리 같은) '피렌체 사람'이라고 일컬었다. 이것이 가장 적합한 개념이었는가?

중국인들이 말하기를, 고요한 변화를 전략으로 사용하는 데서 그 정치 차원의 역할로 이행하기 위해서는 수준을 바꾸는 것으로 충분하다. 즉, 힘을 자기 쪽으로 오게 하기 위하여 적대자의 입장을 침식시킴으로써 개인의 이익을 위해 변화를 작동시키지 않고(마오쩌둥이 문화혁명 초기에 했던 대로), 세상의 이익을 위해 변화를 광범위하게 전개하는 것으로 충분한 것이다. 이 점을 말하기에 아직 '이득'(利)은 의미가 너무 좁은데, 이 한자는 그것을 자르는 칼이 옆에 있는 이삭을 형상화하기 때문이다. 훌륭한 정치가는 공동체 전체가 그 열매를 수확할 수 있는 조건을 분위기의 방식으로, 그 조건을 겨냥하지는 않지만 결과의 차원으로(서로 대립되는 '본'本과 '말'末의 개념), 따라서 사람들이 이 때문에 그를 칭찬할 생각도 하지 않는 가운데 숙성시킨다. 이는 현안의 급격한 움직임과 마찬가지로 사건들에 대한 반응성에서 벗어남으로써, 갓 모습이 드러나는 변동에 대처할 수 있다는 것을 내포한다. 이런 변동의 위험은 맹아 상태일 뿐이고 쉽게 줄일 수 있는바, 그 위험을 미리 알려 주는 방식으로 그것에 대처할 수 있는 것이다. 또는 그 변동의 전개가 공동의 이익을 향할 때는 이 전개를 긴 기간 동안 유리하게 하는 방식으로 그 변동에 대처할 수 있는 것이다. 즉, 두 경우 모두 바라는 방향으로 상황을 기울게 하기 위해 상류에서 은미하게, **조건들의 차원**에서 개입하는 것이지 하류에서 행동의 광경 및 회복의 위급성 차원에서 개입하는 것이 아니다. 따라서 눈에 띄는 성공을 백일 안에 보장하는 것이 아니라, 잠재력이 되돌아오고 상황이 보상되며, '단서'들이 전환되기 시작하고 신뢰감이 그 자체로 다시 나타나게 하는 것이다.

한 영역에서 다른 영역으로 무한정 직조하고 그 누구도 비판하지 않으며, 심지어 누구도 놀라지 않고 놀랄 생각도 하지 않는 고대 중국의 정합성들로부터 '도'에 대한 모종의 몽상이 아니라 도구를 확실하게 도출할 수 있을 것이다. 고요한 변화의 개념은 우리가 갈망하는 것과 같은 개념이 아니다. 내가 이런 것을 고백해야 할 것인가? 그것은 빛나고 강렬하면서 지성에 의해 선명하게 재단되며 이데아들의 하늘에서 섬광을 발하는 개념이 아니다. 왜냐하면 고요한 변화의 개념은 수수께끼에 답하지 않으며 모순을 해제하지도 않기 때문이다. 이 개념은 발명하지도 않고 싸우지도 않는다. 사유의 영웅주의에 호소하지도 않는다. 이 개념을 철학의 개념으로 명명하기보다 지혜의 개념으로 명명할 수 있을까? 왜냐하면 나이가 든 뒤에 거리를 두고 돌아보기 시작할 때, 고요한 변화의 개념은 세월의 흐름에 따라 정신에서 차츰차츰 명확해지면서 그것이 사유하는 것의 이미지에 맞춰지기 때문이다. 이 개념은 우리가 그것을 사유하지 않는 가운데 사유에 은미하게 부과된다. 그러나 일단 우리가 이 개념을 포착하고 다른 모든 개념들을 비판하고 나면, 이 개념은 더 이상 물러나지도 않는다.

요컨대 개념을 결여한 이 고요한 변화 개념은 머물러 있는 개념이고 다른 개념들의 선험성을 피함으로써 '바탕의' 개념이 된다. 왜냐하면 이 개념은 그 어떤 단절도 내세우지 않으며, (고요한 변화로부터 사건의 출현이 이루어지므로) 심지어 사건과의 단절도 내세우지 않기 때문이다. 고요한 변화의 개념은 아무것도 배제하지 않고 논쟁하지도 않는다. 고요한 변화 맞은 편의 '존재'Sein, Being는 결국 그리스의 선택일 뿐이며 특히 정의定義의 문제와 과학의 규정의 요청에 답하기 위해 가치가 있다. 존재의 개념은 오히려 (비-존재와 나아가 외관의) 배제를 통해 활성화하는 개념으로서 이행과정의 이해를 가로막으며 우리 삶의 '생성'을 불안정성으로 쫓아낸다. 또는 '실재'는 은밀히 '사물'res에 아직도 순진하게 매여 있는 절망스럽게 밋밋하고 활기 없으며 무기력하고 실망시키며 환멸을 주는 개념에 불과하기 때문이다. '실재'가 가장 중립된 개념이라고 말하겠지만 이는 거짓 중립성이다. 왜냐하면 실재의 개념은 꿈, 쾌락의 원리, 그리고 이상의 형상화를 포기에 의해 '비실재'로 쫓아내기 때문이다.

우리가 사건의 독점에서 벗어나고 언어의 고착화를 해체하며, 거의 굳어 버린 통상의 간격을 무너뜨리고 우리가 보고 겪는 것과 관계하며, 초점의 수준을 다양하게 함으로써 우리가 보고 겪는 것으로부터 멀어지거나 가까워진다면, 실제로 무엇이 남겠는가? 자라는 풀, 침식되는 산, 무거워지는 몸, 수척해지는 얼굴, 활성화되거나 고갈되는 생명, 더 정확히는 활성화되면서 이미 고갈되기 시작하는 생명 외에 항상 우리 눈앞에 다른 무엇이 있겠는가? 흥분한 열정으로 굳어져 가는 막연한 기다림 또는 뜸해지는 약속 외에 다른 무엇이 있겠는가? 우리가 인정하지도 않은 채 힘의 관계로 전환되는 애정관계의 공모 외에 다른 무엇이 있겠는가? 또는 언제인지 파악할 수 없었던 가운데 당의 특권으로 변해 버린 비장한 혁명 외에 다른 무엇이 있겠는가? 묻힌 채 이동하고 응축되어 꿈속에서 암호화된 형상 속에 옮겨 쓰여지는 과거의 상처들, 고요하게 숙성하는 작품들 외에 다른 무엇이 있겠는가?

나아가 그것들에 따라 우리가 사유하는 기본 용어들이 언제 생겨났는지, 그리고 그것들을 무엇으로부터 유지하는지 우리는 아는가? 그것들은 한 철학자의 결정으로부터 출현한 것이 아니라, 수 세기에 걸쳐 대개 익명의 사유의 그늘 속에서 산출된 것이고, 이런 익명의 사유로부터 새로운 구분들이 점차 명료해지며, 이후 이것들이 우리에게 '자명성'과 함께 부과되고 진리의 필연성과 관련된 기초 역할을 할 수 있다. 변화의 기체로서 '주체'가 마침내 주체성의 주체를 일컬을 수 있기 위해, 그리고 주체를 마주한 '객체'가 과학의 객관성 등을 일컬을 수 있기 위해 몇 세기 동안의 고요한 변화가 필요했는가? 또는 이 용어들은 전도되는 데까지 이를 정도로 많은 전환을 차츰차츰 겪어 왔다. 칠십인역 구약성서의 백성laos과 같은 신의 '백성'에 속하는 인간으로부터 점차 그 반대인 세속성의 '속인'이 생겨나는 것처럼 말이다. '사건'을 이루고 이에 따라 반향하고 사람들을 움직이는 어떤 명확한 사유가 갑자기 출현하게 하는 고요한 변화가 아닌 다른 방식을 통해 우리는 사유한 적이나 있는가? 우리는 응축되는 에너지와 타고 있는 항성들 외에 다른 그 무엇을 본 적이 있는가? 우리가 그 위에서 눈을 크게 뜨고 있지만 아무것도 충분히 알아채지 못하는 중단 없는 직조가, 그리고 그것이 가끔 나타내는 소란스런 징조들과 함께, 한 세계가 추락하고 소멸하며, 갑자기 별 하나가 해체된다.

간극과 탈합치

『고요한 변화』는 동서문화철학자 프랑수아 줄리앙이 2009년 출간한 저작 *Les transformations silencieuses*의 번역이다. 현재까지 줄리앙의 저작 열 권이 우리말로 옮겨졌고 『고요한 변화』가 열한 권째 국역이다. 역자에게는 그의 세 저작 『전략: 고대 그리스에서 현대 중국까지』(2015), 『문화적 정체성은 없다』(2020), 『탈합치』(2021)에 이어 네 번째 국역이다. 사실 『고요한 변화』는 줄리앙이 수십 년간 유럽 사유와 중국 사유를 맞대면시켜 온 작업을 집약한 『존재하기에서 살기로』 *L'Etre au vivre*를 옮기던 중, 독자들에게 다가가기 쉬울 법한 저작을 먼저 내놓는 것이 낫겠다는 생각에 선택한 작품이다. '고요한 변화'라는 제목은 명말청초明末淸初의 거유巨儒 왕부지의 문장인 "은밀한 이동과 고요한 변화"에서 차용한 것이다. 이 책에서 줄리앙은 동서양의 사유를 능란하게 오가며 늙음, 사랑, 역사, 시간, 정치, 전략, 미디어, 철학의 위상 등의 다양한 주제를 변화에 대한 탁월한 통찰을 통해 논한다. 이 해제에서는 『고요한 변화』에서 제시된 몇몇 분석을 통해 줄리앙 사유의 핵심을 이루는 간극 개념을

설명하고, 현재까지 이어지고 있는 그의 사유의 편력을 문화론과
탈합치 개념을 중심으로 간략하게 소개하고자 한다.

1. 간극

프랑수아 줄리앙의 사상은 주제의 다양성과 관점의 변화에도 불구
하고 놀랄 만큼의 일관성을 내포한다. 최근 정신분석가들과 행한
대담에서 그는 자기 작업을 다음과 같이 규정했다. "나는 내가 생각
할 생각조차 하지 않은 것을 생각하려 시도한다. 이것이 어느 정도
내 사유의 전말이다."

　　그의 사유는 '간극'écart, 間隙의 사유이다. 프랑스어에서 간극은
동사 'écarter'에서 온 낱말로서 "사이를 벌리다"라는 뜻이다. 간극
은 '사이'를 내포하므로 복수성을 전제한다. 예를 들어 타 문화를 마
주하면서 자신의 정신과 간극을 벌려 자신과 거리를 두고 바라보
며 자신에게 낯섦을 창출하는 작업이 간극의 사유이다. 그러나 간
극은 차이가 아니다. 줄리앙은 자신의 작업은 '비교'가 아니라는 점
을 항상 강조한다. 물론 한문에서 '비교'比較는 여러 가지를 견준다는
뜻으로 줄리앙이 유럽 사유와 중국 사유를 서로 비춰 보는 작업과
어긋나는 것은 아니다. 하지만, 서구어(예를 들어 영어의 compare/
comparison)의 번역어로서 '비교'가 어떤 대상들의 공통점과 차이점
을 드러냄으로써 이 대상들의 특질을 규정하는 의미라면, 이는 간
극과 다를 뿐 아니라 오히려 그 반대이다. 줄리앙의 작품을 이해하
기 어렵게 하고 나아가 오해를 불러일으키는 것이 아마도 이런 점
때문일 것이다. 그가 거부하는 '비교'는 유럽 사유와 중국 사유의 정
체성을 각각 규정하여 두 정체성의 차이를 드러내거나, 또는 둘 사이

의 공통점을 찾아내서 두 사유를 융합하는 것이다. 이와 달리 간극은 정체를 규정하는 작업이 아니라 탐험의 시각을 활성화하는 작업이다. 탐험은 유럽 사유와 중국 사유를 맞대면시킬 때 벌어진 '사이'에서 긴장과 낯섦을 체험하며 새로운 가능성을 열어젖히는 일이다.

동서양 사유의 간극이 벌어지는 과정을 『고요한 변화』에서 분석된 『장자』「지락」편의 유명한 구절을 사례로 살펴보자. 장자는 부인이 죽은 후 북을 치며 노래를 불렀고, 부인의 죽음을 슬퍼하기는커녕 노래하는 그를 나무라는 친구에게 다음과 같이 말했다: 雜乎芒芴之間 變而有氣 氣變而有形 形變而有生. 줄리앙은 중국어 어순을 최대한 존중하며 직역한다. "섞여 구분되지 않는 가운데 변하면 기가 있고 기가 변하면 현실화하며 현실화함이 변하면 삶이 있다." 역자는 본문에서 이 문장의 앞부분(雜乎芒芴之間)을 "헤아릴 수 없음에 뒤섞인 가운데"로 옮겼다. 이 구문에 대한 여러 국역처럼 '乎'를 "~에" 또는 "~에서"를 뜻하는 어於로 보는 입장을 따랐지만, 어떻게 정확히 번역해야 할지는 열려 있는 문제이다.

줄리앙은 이 구문의 프랑스어 번역을 문제 삼는다. 매우 미미한 사안인 것 같지만, 번역가를 은연중에 인도유럽어의 관용어법에 잡아 두는 속박을 찾아내고 이로부터 문제의식을 도출해 낸다. 프랑스에서 정본으로 활용되는 번역은 다음과 같다. "빠져나가고 포착 불가능한 어떤 것quelque chose이 기로 변하고, 기는 형체로, 형체는 삶으로 변한다."[1] 이 번역은 어떻게 보면 왜곡된 의미가 없으며,

---

1 『장자 전집』(*L'Oeuvre complète de Tchouang-tseu*), trad., Liou Kia-hway, Paris: Gallimard, 1973, p.145.

간극과 탈합치 161

따라서 오역이라고 할 수 없는 매우 정갈한 문장이다. 그러나 이 번역문에서 주목해야 하는 것은 "어떤 것"의 첨가이다. 『장자』 원문에는 주어가 없다. "어떤 것"으로 번역되고 영어의 'something'에 해당하는 프랑스어의 'quelque chose'는 가장 규정성이 약한 명사이지만, 그럼에도 불구하고 '빠져나가고 포착 불가능한'fuyant et insaisissable이라는 술어가 지시하는 주어로 등장한다. 이 '어떤 것'은 변화의 주체가 되어 기가 되고 형체가 되고 삶이 된다. 이 구문의 모든 술어가 귀속되는 실체이자 주체가 정립되는 것이다. 그래서 이 번역은 중국어 문장이 내포할 여지가 없는 질문을 던지게 한다. 이 어떤 것은 무엇인가? 그것은 어디서 오는가? 즉, 주체와 존재, 그리고 그 기원의 규정에 대한 서양 철학 전통의 익숙한 질문이 부과되는 것이다.

> "이 어떤 것의 출현으로 인해 어쩔 수 없이 단절이 있지 않은가? 그러나 무엇의 단절이고 무엇에 의한 단절인가? 또는 이 출현은 아무것도 없다가 생겨난 것인가? 이어서 이런 창조를 정당화하려면 신을 상정해야 하는가? 이런 여러 질문이 부과되는 것이다. 언어의 간극으로부터 삶을 생각할 수 있고, 삶의 운명을 조직하는 완전히 다른 방식이 나온다. 철학의 질문이 아무리 철저하더라도 모든 철학은 관용어법에 묶인 채 나중에서야 나타난다. 철학은 관용어법을 반영할 수밖에 없다."(54쪽)

줄리앙이 유럽 사유의 편견을 드러내기 위한 '바깥'으로 중국을 선택한 이유 가운데 하나가 바로 언어다. 중국어는 서양 철학을 구성하는 인도유럽어의 바깥, 즉 '다른 곳'이다. 위 문구를 프랑스 번역처럼 옮기는 것은 주어/주체와 술어 기능을 중국어에 부과함으로써, 유럽 언어와 동족성이 없는 바깥의 언어에 자기의 시각을 당연한 듯 투영하는 일종의 자기민족중심주의이다. 이는 자기 사유의 틀을 자기도 모르게 고수함으로써 새로운 가능성을 가로막는 것이다. 그러나 한 언어와 다른 언어의 편차 자체만으로도 철학을 재가동할 수 있다. 우리가 편하게 기대어 온 꼼목을 치워 볼 필요가 있다. 실체화된 주어, 주체가 없다면, 서양의 사유에 어떤 일이 발생하는가?

유럽 사유가 생생한 변화 또는 이행과정을 파악하지 못하고 변화 아래에 놓인 주체 또는 기체를 전제하는 것은 유럽 언어의 탓이다. 사실 '주체' 또는 주어로 번역되는 'subject'는 '아래에'sub와 '던지다' 또는 '놓다'jacere의 합성어에서 유래한 것이다. 줄리앙은 그리스인들의 사유가 세 가지 차원에서 그들의 언어에 묶여 있다는 점을 설명한다. 규정, 명사화(실체화), 술어 기능이 그것이다. 첫째는 규정이다. 로고스의 기능은 사유에서 비-규정성을 제거함으로써 사유를 가장 '명확하게' 하는 것인데, 이는 이미 유럽 언어의 형태론과 통사론을 따르는 것이다. 둘째는 명사화 또는 실체화이다. 명사는 동사에서 분리되어야 하며, '아래에 고정되어 있고', 동시에 실체sub-stance로서 명사는 절의 지지대 역할을 하는 고유의 존재를 가리켜야 한다. 끝으로, 절의 기능은 절의 기반을 이루는 주어에 다소 우연한 방식으로 속성을 정하는 것, 달리 말하면 술어를 부여하는 것이며, 이는 주어에 속성을 귀속시킴으로써 주체의 특질들을 여러 가능한 상태로서 배열하는 것이다. 그리스어는 격 변화, 빈위 규정, 성, 수로부터 벗어날 수 없고 술어들은 항상 존재에 기대어 있다.

이와 반대로 『중용』의 다음과 같은 구절(23장)은 장자의 문장처럼 주어가 없고, '무엇에 대해' 말하고 있는지조차 출발점에서 제시되지 않는다. "실제로 갖추기 시작하면 현실화하고, 현실화하면 드러나고, 드러나면 밝아지고, 밝아지면 움직이며, 움직이면 변하고, 변하면 화한다."(誠則形 形則著 著則明 明則動 動則變 變則化) 이 문장은 주어가 없을 뿐 아니라, 각 항이 무차별하게 명사-동사-형용사가 될 수 있다. 즉, 명사화되고 실체화된 주어 또는 주체가 없다.

"무엇이든 간에 '아래에 놓인' 것이 있어 그것에 대해 이런 열거가 이루어지는 것이 아니다. 여기서는 그 어떤 '것'도 변화 '아래'에 놓이지 않고 단지 연쇄되는 기능들만이 언급될 뿐이다. 주어나 주체, 즉 던져진 그 어떤 것도 언술되거나 심지어 암시되지도 않는바, 이 잇따르는 양상들을 통해 펼쳐지는 계속된 작용만이 묘사된다. 그야말로 작용은 그 자체로 무엇에 귀속되지 않고, 행동뿐 아니라 명제를 지배하는 주체의 모든 초월성을 해체하고 주체를 작위성으로 만드는 것으로 나타난다. 여기서는 격 변화도 동사 변화도 없고 술어 규정도 지시 기능도 없으며, 수동형과 능동형의 구분도 명확하지 않다. 유일한 구문론 요소는 유도일 뿐이다."(53쪽)

서양어와 중국어의 맞대면은 즉각 낯섦을 일으킨다. 이 맞대면은 편안하게 기대어 온 괴목을 치우면서 서양의 언어 및 사유의 습벽을 자각하고 자기 자신과 거리를 두고 삶과 세계를 사유하게 한다. 보편성을 자부해 온 서양 철학이 특수한 문화의 산물로 나타난다. 단 하나의 언어만 존재한다면 언어는 성찰을 멈출 것이고 철학은 죽을 것이다.

언어의 문제 외에도 중국은 역사의 차원에서 유럽과 아무 영향 관계에 있지 않다. 중국 역사는 유럽 역사의 바깥이다. 16세기 후반부터 동서 교섭을 통해 교류는 본격화되었지만, 이미 그 전에 중국 사유는 체계가 확립된 상태였다. 따라서 수많은 개념의 어원을 추적하며 철학사를 구성해 온 서양 철학은 중국 사유를 마주칠 때 더 이상 자신의 역사에 기댈 수 없다. 서양의 역사에서 빠져나옴으로써 철학사와 단절한다면, 서양의 정신이 의거해 온, 심지어 비판해 온 개념과 학설의 계보에 더 이상 기댈 수 없다면 사유에 무슨 일이 일어날까? 위에서 분석한 술어 기능, 즉 술어들을 받쳐 주는 주어, 속성들이 귀속되는 주체/실체의 구조는 단지 플라톤, 아리스토텔레스, 중세 철학에 그치는 것이 아니라 근현대까지 이어지는 서양 철학사를 이룬다. 데카르트René Descartes와 스피노자Baruch Spinoza의 철학을 실체와 속성 개념 없이 이해하는 것은 불가능하다. 이들 각자 실체와 속성을 이해하는 방식은 서로 다르고 나아가 대립하기까지 하지만, 항상 실체와 속성의 관계는 그들 사유의 핵심 구조를 이룬다. 라이프니츠Gottfried Leibniz가 모나드monade라 일컫는 실체 역시 무한히 많은 속성들을 포괄하며, 모나드 자체는 단순하지만 속성들의 다수성은 모나드에 귀속된다. 어떤 행위에는 반드시 이 행위에 전제된 주체가 있다. 즉, 행위는 주체에 **속하는 것**이다. 그래서 라이프니츠는 "능동과 수동은 개체적 실체에게 귀속되어야" 한다고 말한다. 칸트Immanuel Kant에서도 감성을 통해 수용되는 대상을 지성(오성)의 범주에 따라 구성하는 조건으로서 자아의 선험성 또는 초월성이 전제된다. 이 모든 사상들은 주체/주어-속성/술어의 구조를 이룬다. 나아가 현대 철학자인 알랭 바디우에서도 주체의 '구성'을 위해서는 대상으로서 주어진 것 이외에, 상황 자체만으로 설명할 수 없는 것이 '보충'으로서 존재해야 한다. 즉, '주체'가 구성되려면, '무엇인가 있음'이라는 평범한 상황을 넘어선 어떤 일이 '사건'으로서 일어나야만 한다. 이 역시 주체의 초월성을 인정하는 유럽 전통에 머물러 있는 것이다.

　서양 철학의 근간을 이루는 존재, 신, 이상, 정신, 물질, 자유, 목적, 주체, 객체, 본질, 현존 등의 철학소哲學素와 그 구분을 무심코 비껴가는 중국 사유와 같은 체계를 만날 때 사유에 어떤 일이 발생할까? 그렇다고 서양 철학을 구성하는 이런 개념들의 부재가 중국 사유의 미성숙을 의미하는 것은 아니다. 이는 다시금 서양을 모든 사유의 기준으로 삼고 나머지 사유를 서양의 하위 부류나 변주로 간주하는 패권주의, 문화보편주의 또는 자기민족중심주의에 불과하다. 중국 사유는 고도의 상징체계에 기초한 텍스트를 통해 고대부터 다양한 학파들이 견고하고 명확하게 설명해 온 온전한 사유이다. 중국은 이해 가능성의 다른 원천을 개척했고 서양의 '다른 곳'일 뿐이다.

『고요한 변화』는 프랑수아 줄리앙이 유럽 사유와 중국 사유를 맞대면시키는 수십 권의 저작 중 하나이다. 이 저작에서 줄리앙은 그리스 철학에 뿌리를 둔 서양 철학이 인도유럽어에 종속된 채, 중국 사유와 달리 '변화' 또는 '이행과정'을 제대로 사유하지 못한다는 점을 분석한다. 서양 철학은 변화 아래에 존재, 주체 등 항존하는 본질 또는 고정된 정체성을 전제함으로써 세계, 삶, 역사, 정치 등 모든 분야를 존재와 생성, 이상과 현실, 실체와 속성, 필연과 우연 등의 이

원성, 주체의 결단, 단절, 사건을 통해 바라보거나, 유동성을 별도로 사유하기 위해 추상화된 '시간' 개념을 가공해 내는 반면, 중국 사유는 천지만물을 변화 자체로 보기 때문에 서양 철학이 세계와 삶의 연속성을 사유하기 위해 겪는 장애를 선명하게 드러내 준다.

일례로 서양 철학은 늙음을 사유하지 못한다. 서양 철학은 로고스와 존재론에 의거해 '사물'들(흰머리, 주름, 얼굴색, 목소리 등)을 세밀히 규정하여 구분하겠지만 늙음은 특정 부분이 아닌 전체가 늙는 현상이다. 주체에게 고유하게 속한다고 여겨지는 심리도 고요한 변화를 따른다. 어느새 더 이상 사랑하지 않게 된 연인의 상황을 생각해 보라. 단절은 과연 연인 중 한 명이 어느 날 새로운 사랑을 시작하고 상대방이 마음 아파하는 사건으로 환원되지 않는다. 새로운 만남 자체도 단지 결과일 뿐이다.

"왜냐하면 두 삶이 점차 나타내는 편차, 즉 살아가는 리듬, 각각 자기 방식대로 틀이 잡히는 일상의 일, 다시 돌아온 옛 습관의 편차가 암암리에 늘어났기 때문이다. 이에 따라 이런 기회를 위한 여지, 즉 어느 날 모습을 드러낸 다른 사람과의 만남을 위한 여지가 마련된 것이다. 또는 가장 안 좋은 일로서, 그들 각각이 늙음 속으로 고독하게 매몰될 여지가 마련된 것이다. 살짝 간 금이 고요하게 틈새, 갈라짐, 큰 균열, 도랑이 되어 버린 것이다. 이 미미한 것이 무한한 것이 되어, 그들 사이의 '모든 것'이 전염된 채 나타났다."(24쪽)

모두가 잘 알다시피, 헤어진 연인들이 애정의 상실에 대해 서로를 비난하는 것만큼 헛된 일도 없다. 그들이 주체가 아니라 오히려 상황이 주체이기 때문이다.

정치 사회 현상도 마찬가지이다. 단절을 내포할 수밖에 없는 '사건'을 중심으로 정치 사회 현상을 바라볼 경우 우리는 주체들이나 다른 사건 등 이 현상에 대한 규정된 원인들을 지목하지만, 이 원인들은 사건의 심층에서 고요하게 작동한 무한정한 동력을 포괄하지 못한다. 거대 사건이었던 9·11 사태조차도 냉전 체제와 소련이 해체되면서 세계화가 세상 전반에 걸쳐 고요하게 진행되고 부정성의 힘이 갈 곳을 모른 채 긴 시간 동안 축적되어 테러의 모습으로나타난 것일 뿐이다. 이런 고요한 변화를 도외시한 채 몇몇 테러 분자를 원인으로 보는 것은 단견일 수밖에 없다.

오늘날 미디어는 삶의 대부분 영역을 사건 위주로 재단하며, 마치 하루하루, 나아가 하루 자체도 여러 부분으로 조각나고 단절된 것처럼 다양한 사건의 연쇄로 세상을 채운다. 많은 정치 경제 세력 역시 그들이 지향해 왔던 모습과 반대의 모습이 된 자신들을 자각하지 못한 채, 대중도 그들 스스로도 이해 못하는 이중성을 보이곤 한다. 얼마나 많은 이념가들이 어느새 기득권이 되어 있고, 얼마나 많은 이상주의자들이 어느새 지독한 현실주의자가 되어 있는가? 우리는 과정을 못 보고 결과를 확인할 뿐이다. 늙는 과정을 보지 못하지만 어느새 늙어 있는 모습을 확인하고, 빙하가 녹는 과정을 보지 못하지만 어느새 황량한 땅을 확인하듯이, 사회 현상 역시 고요한 변화를 따르고 있다. 고요한 변화 과정을 추적하며 우리의 세계, 사회, 삶을 성찰할 때, 서양 철학의 습벽을 이루는 '존재'와 '주체'의 관성에 종속된 섣부른 규정에서 벗어날 수 있을 것이다.

2. 문화론

『고요한 변화』는 줄리앙의 21번째 단행본으로서 2007년의 『여정에서』*Chemin faisant*, 2008년의 『보편, 단형, 공통 그리고 문화들 간의 대화』*De l'universel, de l'uniforme, du commun et du dialogue entre les cultures*를 제외한 19권에서 진행한 유럽 사유와 중국 사유의 맞대면 작업을 잇는 저작이다. 물론 『여정에서』는 스위스의 중국학 연구자 장 프랑수아 빌레테Jean François Billeter의 논박에 대한 재반박을 담았을 뿐 아니라 빌레테와의 논쟁을 넘어서 줄리앙 자신의 작업을 화려하게 조명한 매우 유용한 저작이다. 『보편, 단형, 공통 그리고 문화들 간의 대화』역시 줄리앙 사상을 문화의 관점에서 개념화하기 위해 필수 불가결한 작업으로, 프랑스의 중국학 거장인 레옹 반데르메르슈 Léon Vandermeersch는 이 저작을 줄리앙의 작품 가운데 "가장 야심차고 가장 심오한" 저서로 평가한 바 있다.

빌레테는 줄리앙이 동서 문화의 정체성을 고정시켰다고 비판했고 줄리앙은 2007년의 저작에서 빌레테의 비판이 자신의 작업을 근본에서부터 왜곡한다는 점을 세밀하게 설명하며 자신의 작업이 지닌 의미를 밝혔다. 나아가 줄리앙은 『보편, 단형, 공통 그리고 문화들 간의 대화』에서는 빌레테의 비판에 응수하는 차원을 넘어 별도의 문화론을 체계화했다. 유럽 사유와 중국 사유의 맞대면, 간극을 통한 습벽의 탐색, 문화 관련 논쟁과 문화 간 대화 이론의 체계화 직후 출간된 『고요한 변화』에서 그는 다음과 같이 자신의 작업을 집약해 설명한다.

"간극은 간극이 갈라놓은 것을 긴장 상태에 놓고, 그것을 **갈라진 것들**

각각에 의해 발견하며, 각각에게서 비춰 본다. 또한 간극은 시각을 유리한 쪽으로 이동시킨다. 차이에 알맞은 구분의 시각에서 **간격의 시각**, 따라서 사유에서의 열린 장의 시각으로 이동시킨다. 나아가 그 결과로서 정체성의 문제에서 **생산력**에 대한 희망으로 이동시킨다. 간극은 문화나 사유의 다양성을 얼마든지 사용 가능한 **자원**으로서 생각하게 한다. 이 자원은 모든 지성이 스스로 확장되고 다시 모색하기 위해 활용할 수 있는 것이며, 따라서 (세계화로 인해 오늘날의 단형화가 그렇게 끌고 갈 위험이 있듯이) 방기하는 대신 오히려 개발해야 하는 것이다."(37쪽)

「창세기」의 바벨탑 이야기에 따르면 바빌로니아 사람들은 꼭대기가 하늘에 닿는 탑을 쌓아 이름을 떨치려고 했다. 진노한 신은 이들의 언어를 혼잡하게 함으로써 서로 말을 못 알아듣게 하여 공사를 막았다. 결국 바벨탑은 완성되지 못했고 사람들은 온 땅으로 흩어졌다. 이 이야기는 인간의 언어가 여러 가지인 이유를 설명한다고 알려져 있지만 동시에 인류의 공통된 기원 언어를 가정하고 있다. 언어의 다양성은 바벨탑의 저주를 통해 기원 언어가 자기 증식된 결과라는 것이다.

기원 언어의 단일성 개념은 동일한 문화가 다른 문화들에서 변주된다는 문화패권주의나 문화보편주의로 연결된다. 실제로 언어 기원설은 제국주의 시대에 서구의 언어학에서 많이 활용되었다. 그러나 우리는 언어의 다양성이 단일한 보편 언어의 파생물이 아님을 알고 있다. 우리는 자기의 언어와 문화에서 벗어날 때 비로소 보이지 않는 벽에 둘러싸여 있었다는 것을 자각한다. 너무 익숙하여 보지 못했던 벽이다. 이제 바벨탑을 통해 오히려 사유를 펼칠 기회이다. 언어의 복수성은 세계에 대한 새로운 지평을 열어 놓는다. 세계화라는 얼굴 없는 실체가 보편성의 가면을 쓰고 퍼져 가는 오늘날, 우리는 세계화를 역이용하여 다양한 문화와 언어 사이를 자유롭게 오갈 수 있다.

제국주의 이래로 서세동점西勢東漸이 강화하면서 서양 문화가 널리 표준화된 것은 사실이지만, 문화의 본질 자체가 변화라는 점을 망각해서는 안 된다. '문화'文化라는 낱말은 이미 변화의 뜻을 내포한다. '化'는 한쪽에서는 사람이 똑바로 서 있고, 다른 쪽에서는 거꾸로 있는 모습으로서 '뒤집어지다'라는 어원을 갖는다. 동아시아의 가장 오래된 고전 『역경』에서 '화'의 개념은 '변'의 개념과 쌍을 이룬다. 문화는 변화하는 것으로서 그 자체로 복수성을 내포한다. 어떤 문화가 주류를 형성할 경우 그것은 다른 문화를 억압하면서 발생한 일이다. 문화는 동질화를 통해 확산하지만 동시에 그만큼의 반작용을 통해 이질화로 나아간다. 단일한 문화는 불가능하다. 언어와 문화가 단일하다면 의식은 멈출 것이고 사유도 철학도 사멸할 것이다.

문화만큼 의미의 폭이 넓은 낱말도 없을 것이다. 문화는 삶의 방식이자 삶의 터전을 이룬다. 그래서 문화는 여러 개념의 혼동을 낳는다. 줄리앙에 따르면, 문화와 관련하여 정제해야 할 세 가지 개념이 있다. 보편universal, 단형uniform, 공통common이 그것이다.

'Universal'에 대해 동아시아에서 통용되는 번역어 '보편'普遍은 원어의 뜻을 정확히 나타내지 못한다. 'Universal'은 라틴어 'Uni'와 'versus'의 합성어에서 비롯한다. '하나'를 '향하여'라는 과정을 나타낸다. '보편'은 '두루 미친다'는 뜻으로 이미 경계에 닿았다는 것이며 과정보다는 결과를 내포한다. 과정의 차원을 간과하고 '이미 하나에 이르렀다'고 가정할 때 'Universal'은 왜곡된다.

"보편은 보편주의와 반대로 생각되어야 한다. 보편주의는 자신의 패권을 강요하고 보편성을 소유했다고 믿기 때문이다. 이와 반대로 투쟁하며 옹호해야 할 보편은 결코 충족되지 않은 저항적 보편이다. 또는 모든 고정된 실정성의 안락함을 해체하는 부정적 보편이라고 말할 수 있다. 이는 (포화 상태의) 전체적 보편이 아니라 반대로 모든 완결된 전체성에서 결핍을 다시 들추어 내는 보편이다. 이 보편은 (칸트적 이념의 의미에서) 조정 기능의 보편이며, 결코 충족되지 않기 때문에 끊임없이 지평을 뒤로 밀어내고 탐구를 무한정 가능케 해주는 것이다."(『문화적 정체성은 없다』, 교유서가, 32쪽)

문화보편주의는 특정 문화를 보편의 구현으로 보고 나머지 문화들이 이 보편의 변주들로 간주된다는 패권주의의 관점이다. 그러나 문화상대주의는 개별 문화들의 고정된 본질을 전제하고 타 문화의 침투를 거부하는 입장으로서 문화보편주의의 그늘에 머무는 관점이다. 요컨대 보편 개념을 정제하고 변화의 역동성을 수용해야 한다.

'보편'의 도착倒錯이 '단형'이다. '단형'은 보편이 구현되어 같은 형태가 모든 곳에 펼쳐진다는 것이다. 그러나 '단형'은 생산의 편리성 및 경제성과 관련되는 개념일 뿐이다. 같은 물품을 대량으로 생산하는 것은 생산가가 줄어들기 때문에 효율성이 있을 뿐이다. 오늘날 기술과 미디어의 발전으로 특정 '문화상품'들이 동일한 포맷으로 전 세계로 퍼져 상상력이 비슷해져 가는 것을 떠올리면 된다. 단형화를 통한 경제성 및 기능성이 문화 영역에서 우위를 차지하는 것을 경계해야 한다. 같은 호텔, 같은 상품, 같은 음식, 같은 생각, 행복과 소비의 같은 방식 등으로 물질 영역뿐 아니라 정신의 영역에서 단형화가 진행되고 있는 것은 아닌지 주시하고 모순을 드러내야 한다. 단형성이 도달하지 못한 지역은 '낙후된 곳'이라고 평가하는 식으로 사유와 문화의 다른 가능성을 덮어 버리려는 시도를 포착해 내야 한다. 문화의 단형화는 독단이 똬리를 튼 거짓 보편주의이다.

문화가 추구해야 할 것은 '공통'이다. 공통은 '닮음'에 근거한 집단주의나 배타주의가 아니다. 진정한 공통은 타자와 타 문화를 접하면서 나와 내 문화에 변화가 창출되는 과정이다. 공통은 문화 간 대화의 기초를 이루는 역동성이며 정치의 근본을 이룬다. 문화를 단형화로 환원시키지 않는 지성의 작업이 공통이며 이것이야말로 진정 공유 가능한 것이다. 다양한 문화 간의 간극과 이질성을 통해 각자의 습벽에 분란이 일어날 때 공동체는 생동성을 갖는다. 문화 간 대화의 진정한 의미는 바로 이런 공통의 구축에 있다.

줄리앙이 천착해 온 유럽 사유와 중국 사유의 맞대면은 바로 '공통'을 추구하며 문화 간 대화를 구체화한 과정이다. 문화 간 대화는 자기 문화와 상대 문화 각각의 본질이나 정체성을 규정하는 작업이 아니라, 각 문화에서 사유할 생각조차 하지 않은 것을 의심해 보고 개념화·범주화·문제화되기 전의 상류로 거슬러 올라가 보는 탐험이다. 두 문화 사이에 열린 간극은 각 문화에서 사유하지 않고도 '자명함'으로 여기는 것을 다시 사유하게 해준다.

3. 탈합치

2010년 이후 줄리앙의 작업은 주목할 만한 관점의 변화를 보인다. 중국에 대한 고찰이 현저히 줄어들기 시작하기 때문이다. 물론『고요한 변화』이후 줄리앙은 유럽 사유와 중국 사유의 맞대면을 다루는 일곱 권의 저작을 더 집필했다. 2009년의『이상의 발명과 유럽의 운명』*L'invention de l'idéal et le destin de l'Europe*은 중국 사유에 비추어 플라톤 전체를 다시 독해한 역작이다. 2010년의『이 이상한 미의 관념』*Cette étrange idée du beau*은 2003년에 출간된『큰 그림은 형상이 없다』*La grande image n'a pas de forme*에서 분석한 중국 회화론의 연장선에서 서양 미학의 난점을 해부하고 미에 대한 새로운 문제의식을 도출한다. 『큰 그림은 형상이 없다』는『노자』에 나오는 문구인 '대상무형'大象無形을 제목으로 삼은 저작으로서 사물들을 개별화하고 실체화하는 서구 존재론의 습벽을 방대한 중국 화론畫論의 분석을 통해 통찰한 걸작이다. 2012년의『사유로의 진입, 또는 정신의 가능성』*Entrer dans une pensée ou des possibles de l'esprit* 역시 중국 사유에 대한 서양의 편견을 다룬다. 이 저작에서『역경』에 대한 서양 번역의 문제를 분석하며 중국 사유의 특징을 드러내는 작업은 압권이다. 같은 해에 출간된『정신분석학에 제안한 다섯 개의 개념』*Cinq concepts proposés à la psychanalyse*은 프로이트의 정신분석학이 중국 사유와 갖는 유사점을 고찰함과 동시에 프로이트조차 서양 사유의 틀에 묶여 있다는 점을 강조한다. 국내에도 번역된 2014년의『풍경의 체험』*Vivre du paysage*에서는 주체 또는 관찰자의 관점에서 풍경을 객체로 재단하는 서양의 관점과 대비하여 주체와 객체의 분리를 허용하지 않는 중국 사유를 논의한다. 서두에 언급한 2015년의『존재하기에서 살기로』*L'Etre au vivre*는 지난 수십 년 간의 작업을 되돌아보며 종합한 저작이다. 역자가 평가하기에『존재하기에서 살기로』를 통해 줄리앙은 자신의 유럽-중국 맞대면 작업을 마감한 것으로 보인다. 물론 2022년 그는『모세 또는 중국』*Moïse ou la Chine*을 출간했다. 그러나 이 저작은 15년 전 기획한 3부작 집필의 의무를 마무리하는 작업의 결과물일 것이다. 줄리앙은 서양 철학의 세 축을 이성을 뜻하는 로고스·형상 또는 본질을 뜻하는 에이도스·신을 뜻하는 테오스theos로 구분하고 세 저작을 내놓겠다고 약속했다. 로고스에 관한 저작이 노장사상과 아리스토텔레스를 대면시킨 2006년의『무엇인가를 말하지 않고 말할 수 있다면』*Si parler va sans dire*이고, 에이도스에 관한 저작이 중국 사유의 시선으로 플라톤 전체를 다시 읽은『이상의 발명과 유럽의 운명』이며, 테오스에 관한 저작이 신 개념과 중국 사유를 전면 고찰한『모세 또는 중국』이다.

해제를 시작하면서 역자는 줄리앙의 사유가 놀랄 만큼의 일관성을 나타낸다는 점을, 동시에 바로 위에서는 2010년 이후 관점의 변화가 보인다는 점을 강조했다. 현재까지의 작품에서도 그의 사유는 간극의 사유라는 일관성을 나타내지만, 유럽 사유와 중국 사유의 맞대면을 다룬 작업 외에 2011년부터 2023년까지 출간된 18권의 저작은 중국을 더 이상 전면에 내세우지 않는다.

간극 개념은 일반화되어 탈착, 탈합치 등의 용어로 발전하면서 문화 간 대화의 차원을 넘어서 점차 세계와 삶 자체를 분석하기 위한 기제로 활용되고, 특히 윤리, 실존, 정치의 영역에 적용되고 있다. 2017년『탈합치』*Dé-coïncidence*가 단행본으로 출간되고 나아가 프랑수아 줄리앙 사상을 중심으로 2020년 〈탈합치 연합〉이 창립됨과 동시에 『탈합치의 정치』*Politique de la dé-coïncidence*가 출간되면서 탈합치 개념의 외연이 점차 확장되고 있다. 현재 프랑스의 〈탈합치 연합〉을 중심으로 다양한 분야의 연구자들이 탈합치 개념을 전개하고 있다.

탈합치는 파괴를 통한 구축이 아니다. 탈합치는 또 다른 합치 이데올로기를 통한 혁명이 아니다. 형이상학의 용어로 말하자면, 내재성을 건너뛰는 초월성이 아니다. 출구 없는 합치는 죽음이기 때문에, 탈합치는 독에 오염되어 고착화된 모든 종류의 이데올로기의 해독제와 같다. "다수의 지엽적인 현장에서의 탈합치들이 서로 마주치며 퍼져 나갈 때, 따라서 안착된 합치들에 은미한 균열을 일으킬 때 합치의 은신처를 무너뜨릴 수 있습니다."(『탈합치』, 교유서가, 10쪽) 이처럼 줄리앙의 작업은 동서양 문화 간 대화에서 윤리와 실존 차원의 탈합치 실천을 통한 미시 정치로 그 영역을 넓혀가고 있다. 현재 줄리앙 사유를 집약해 주는 탈합치 개념을 설명하면서 해제를 마무리하려고 한다.

『탈합치』에서 중요한 위치를 차지하는 '실존' 개념은 이전 저작 『실존하면서 살기, 새로운 윤리』*Vivre en existant : Une nouvelle Éthique*에서 강력하게 전개되었다. 줄리앙이 신학에서 활용된 '바깥에 서다'*ex-istere*라는 실존의 어원을 강조하듯이, 이 개념은 그리스의 것도 중국의 것도 아니고 오히려 기독교 사유와 가깝다. 실존이 생존 자체와 관련한 흡착 밖에서 유지됨으로써 가동한다면, 형이상학의 차원은 세계의 내재성에 머무는 삶으로부터 탈결속하는 실존함에 의해 활성화된다. 여기서 형이상학의 차원*le* métaphysique은 **형이상학 체계** *la* métaphysique와 혼동해서는 안 된다. 형이상학 체계는 '다른 세계'에 초점을 맞추었으며 모종의 피안을 상정함으로써 실존 고유의 탈합치가 활성화할 여백을 상실시켰다. 체계로서의 형이상학은 존재의 질서에 적용되는 사유의 추상화된 구축인 반면, 형이상학의 차원은 내재성에 갇히지 않는 실존의 탐험 장이다. 『탈합치』에서 실존의 특성은 초월성과 내재성의 긴장으로서 설명된다.

> "한편으로 존재의 사유는 본질과 자기동일성의 안정 속에서 고정화를 겨냥하고, 다른 한편으로 삶의 사유는 오직 신진대사의 되풀이에 한정될 위험이 있다면, 탈-합치를 개척하는 것은 실존의 사유에 속하는 일이다. 탈-합치는 자아의 적합성, 자신과 자신의 일치, 자신에 대한 자기 적응에 균열을 냄으로써 이와 같은 '자아'의 마비에서 빠져나오게 한다. 탈합치는 분리를 재개한다기보다 내적인 탈-결속을 재개하여 다시 결정권을 갖도록 한다."(『탈합치』, 교유서가, 24쪽)

사실 초월성과 내재성의 이 오랜 쌍은 막대한 의미와 함께 서양 형이상학의 모든 문제의식을 관통한다. '형이상학의 차원' 개념은 초월성과 내재성의 의미를 정확히 하는 데 기여한다. 형이상학의 차원을 활성화하는 실존은 생명 유지를 위한 흡착으로부터, 그리고 이 세계로부터 탈결속한다는 점에서 초월을 향하지만, 존재론으로 건립된 초월성이나 다른 세계에 위치하지 않는다는 점에서 또한 내재성이다. 실존은 세계 안에 머무는 동시에 세계로부터 탈착하는 모순된 운동이다.

우리가 이 세계의 현상에 속하며 우리의 실존과 세계의 실존이 같은 재료로 되어 있다는 것은 엄연한 사실이다.

"그러나 동시에 인간 실존자는 이 세계의 실존에 대해 간극을 벌리며, 마찬가지로, 그가 비록 계속해서 동물성의 지배에 속해 있지만 그것으로부터 점차 벗어났다. […] 따라서 삶의 현상에 고유한 탈-합치로부터 인간 실존자는 자신을 주체로 세우고 엄밀히 말해 바깥에 서게(실존하게ex-ister) 하는 탈착 능력을 이끌어 냈다. […] 주체의 실존은 세계에 계속 속하면서도 세계로부터 분리된다. 나아가 실존은 세계의 내재성에 파열을 일으키고 다른 가능성을 열어젖힘으로써, 세계를 이루는 것과 반대로 자신을 쟁취한다."(『실존하면서 살기, 새로운 윤리』, p.193)

'실존한다'는 것이 신학에서 말하듯이 '바깥에 서다'라는 의미라고 할 때, 이는 인간이 단순한 관념으로서 신의 지성에 포함되어 있다가 신의 바깥에 던져져 '바깥에' 서는 것이 아니다. 실존한다는 것은 합치의 바깥에 서는 것이다. 실존은 적합성에 의해 한 세계 안에 적응되어 갇힌 고착성에서 벗어나는 것이다. 스스로를 자기 환경에 한정하지 않고 탈합치를 활성화하는 것이 실존의 운동이다.

탈합치는 우리를 세계에 들러붙어 있지 않게 하는 것이다. 인간은 세계에 속해 있으면서도 세계의 폐쇄와 통합에 균열을 낼 수 있다. 우리의 삶을 자기 세계에 한정시키지 않고 '저 너머로' 끌어올리는 것이 윤리의 기초이다. 그러나 이 '저 너머'는 '다른 세계'나 피안이 아니다. 탈합치는 각각의 존재와 사물이 자신의 결정된 자리에 안착해 있듯이 우리의 삶이 현존재 안에 고정되고 함몰되도록 두지 않는 것이다.

따라서 관건은 플라톤식의 이원성이나 제도 종교의 주류 이데 올로기를 통해 다른 세계로의 탈주를 설파하는 것도 아니고 이 세계 안에 갇혀 있는 것도 아니다. 오히려 초월성과 내재성을 마주치게 함으로써 삶을 전개하고 삶을 생동성 있게 유지하는 것이 관건이다. 초월성과 내재성의 마주침은 신이 탈합치일 때 비로소 가능할 것이다. 오늘날 아직도 신이 의미를 갖는 개념이라면 그것은 탈합치로서의 신의 개념일 때이다. "신을 명명하는 것이 아직도 의미가 있다면 그것은 필시 '신'을 탈합치로 명명함으로써일 것이다."(『탈합치』, 교유서가, 56쪽)

줄리앙은 오늘날 제도 종교의 주류 이데올로기가 다행히도 붕괴되었다고 강조한다. 이는 기독교가 정치 형태를 취하는 다른 이데올로기를 마주칠 경우, 예를 들어 유교 체제를 마주칠 경우, 또는 두 합치 체계가 충돌할 경우, 폭력을 동반한 갈등이 발생할 수 있다는 점을 내포한다. 줄리앙의 동서 문화 대화론에는 16세기부터 진행된 동서 교섭사의 배경이 당연히 깔려 있다. 처음에 천주교의 전교를 위해 성경을 들고 온 서양이 근대 시기의 과학기술 문명과 함께 19세기에 대포를 들고 동방을 다시 찾았고 이 시기에 제국주의가 확산되었으며 결국 동아시아가 서구화되어 온 수 세기의 과정을 이해하지 못하면, 줄리앙이 탐구하는 문화론과 문화 간 대화 방법론의 의미를 이해하기 힘들어질 것이다. 요컨대 기독교의 신이 탈합치로 이해되고 유교도 합치 체제에서 벗어날 때 비로소 문화 간 대화가 가능하다. 그래서 최근 집필된 『모세 또는 중국』을 마무리하면서 줄리앙은 이제 신을 '신'이 아닌 '통약 불가능'incommensurable으로 명명해도 된다고 결론짓는다. 이제 '신이 존재하는지'에 대한 질문은 더 이상 실체화된 존재의 개념과 관계하는 것이 아니므로, 이 질문이 이제 의미가 없다면, '신을 믿는다'는 것도 의미가 없다. 왜냐하면 신이 '통약 불가능'으로 인정되고 활성화될 경우, 신은 형상화도 의인화도 될 수 없으며 존재화될 수도 없기 때문이다. '통약 불가능'은 삶의 가장 가까운 데서 무한히 삶에 균열을 내고 고착화를 막는다. 그래서 『모세 또는 중국』과 함께 출간된 저작이 『통약 불가능』L'incommensurable이고 이 제목은 탈합치의 다른 이름이라고 보아도 될 것이다.

동서 교섭사와 문화 간 대화 방법론을 언급했는데, 탈합치 개념은 역사에도 적용된다. 인간은 역사 속의 존재이고 역사를 벗어날 수 없지만, 역사의 진행과정을 완전히 결정하는 절대 법칙들이 있다면 실존의 의미는 상실될 것이다. 결국 우리는 역사에 속하는 동시에 실존이 활성화될 탈합치의 공간을 인정해야 한다. 우리의 삶은 역사에 뿌리 내리고 있지만, 그럼에도 불구하고 역사로부터 탈착함으로써 윤리 조건으로서 실존의 여백이 필요하다. 우리는 역사에 내재하면서 동시에 역사를 초월할 수 있고 초월해야 할 것이다.

"**탈합치한다는 것**은 상황이 자기 확립에서, 그리고 고착화되고 있는 적합성에서 이미 내포한 막다른 길을 더 이른 개입을 통해 **내부에서** 해체하는 일이다. 따라서 상황을 죽어 가는 접합에서 벗어나게 함으로써, 상황의 정체停滯 가운데에서 새로운 것을 다시 열어젖힐 수 있는 일이다. 왜냐하면 탈합치한다는 것은 선행 역사의 흐름과 공공연히 단절함으로써 새로운 시대를 규정하고자 하지 않기 때문이다. 오히려 선행 역사에서 아직 간파되지 않았고 거기서 생산력 없이 고착화되어 가는 것을 해제할 수 있는 자원을, 선행 역사가 전개될 때 생겨난 간극을 통해 그 내부에서 열어젖히고자 한다."(『탈합치의 정치』, pp.30~31)

탈합치를 통해 실존이 다른 가능성들로 진입하며, 세계에 머물면서도 세계로부터 탈결속하는 운동이 탈합치라면, 탈합치는 우리로 하여금 역사에 속하면서도 역사로부터 탈착하도록 하는 실존의 차원이다. 그렇기 때문에 역사에서 의미를 찾는 것은 과거의 역사로부터 현재와 미래에 대한 우리 삶의 새로운 가능성을 밝히는 작업이다. 역사에 대한 줄리앙의 고찰은 현대 현상학의 관점과 일맥상통하는 가운데 역사철학에 대한 새로운 가능성을 열어 놓는다.

이처럼 탈합치 개념은 삶, 철학, 문화, 형이상학, 종교, 정치, 역사를 포함한 모든 영역에 광범위하게 적용될 수 있다. 모든 종류의 합치현상에 균열을 내는 것이 탈합치인 만큼, 이는 당연한 일이기도 하다. 합치에 균열을 내면서 합치 바깥에 서는 주체가 실존이기 때문이다. 2023년 출간된 신간 『가능성을 다시 열다』*Rouvrir des possibles*에서 탈합치의 여러 사례를 그 의미와 함께 제시하는데, 그 중 현대 도시의 설계에 관한 것이 있다. 주지하다시피 산업사회로의 전환 이후로 현대 도시의 대부분은 기능성에 따라 짜여 있다. 그래서 현대 도시에 대해 많은 사람들이 비판하고, 유행처럼 텃밭을 만들고 옥

상에 나무를 심고 채소를 키우거나 도시 전체 중 몇 퍼센트가 녹색인지 헤아리는 등의 담론을 펼치는 것도 사실이다. 그러나 이는 기능 본위에 맞선 대항 담론이자 합치에 맞선 다른 합치로서, 빈약하게 표준화된 적합성을 통해 실효성 있는 시도를 가로막는 일이다. 오히려 기계 같은 도시에 균열을 낼 때, 이 도시는 구조의 적합성으로부터 벗어나고 그 기능성과 편차를 일으키며 시민들이 숨을 쉬고 살게 한다. 탈합치를 통한 새로운 가능성은, 오히려 기능성의 도시에 모종의 '사이'를, 즉 시민들이 마주치고 노닐 수 있는 공간을 창출하는 것이 아닐까? 시민의 기분이 스며들고 분위기가 퍼지도록 하며, 새로운 시간성을 제공함으로써 도시인에게 주도권의 가능성이 주어지도록 말이다.

달리 말하면, 탈합치는 기존 질서의 전복이나, 기존 합치 질서에 대항 합치로 맞서는 것이 아니라, 합치에 균열을 내는 것이다. 오늘날 혁명을 일으키거나 이상 국가를 기획하고 건립하는 것은 불가능에 가깝다. 오히려 새로운 가능성을 열려면 현재의 상태를 응결하는 요인을 해체해야 한다. 그런데 현재 상태를 응결하는 것은 이미 정착되고 확정되면서 사회를 마비시키는 합치들이다. 합치 체제를 전복할 수도 없고 사람들은 합치 체제에 대한 규탄을 듣지도 않는바, 우리가 할 수 있는 일은 이 체제에 균열을 내는 것뿐이다. 이는 각자가 자신이 속한 현장에서 결정권을 가지고 해나가야 할 일이다. 그러나 이런 탈합치들은 서로 연결될 수 있고 서로 이어받을 수 있으며 서로 조응하고 연합할 수 있다. 이런 점이 바로 〈탈합치 연합〉의 창립 근거이다. 역자 또한 〈탈합치 연합〉의 학술위원으로 활동하고 있고 이 연합에서 개최하는 학술대회 및 공동 저술에 참여하고 있다.

현재 서양 철학은 위기이다. 철학 강국이었던 프랑스에서조차도 철학과를 찾는 학생들이 현저히 줄었고, 계속 줄어들고 있으며, 철학 거장들이 그토록 많은 찬란한 글을 남긴 학술지들도 독자의 부재로 대부분 폐간되었다. 이 점에서 오히려 우리의 철학계가 훨씬 활성화되고 있다는 점은 놀라운 일이기도 하다. 비록 '실적'이라는 현실 때문일지라도 수백 개의 인문학 학회가 활동하고 관련 학술지가 간행되고 있으니 말이다. 양의 팽창이 질의 변화를 창출할 수 있을까?

프랑수아 줄리앙은 자본에 잠식된, 그가 '여론'의 철학자라고 일컫는 가짜 지식인들이 범람하는 분위기에 진지한 저술로 맞서는 길을 택한 마지막 철학자 중 한 명이다. 2023년 2월 역자는 파리에서 줄리앙을 만나 긴 시간 동안 '철학'에 대해 허심탄회하게 대화를 나누었다. 전술한 프랑스의 철학 위기도 이 대화를 통해 나눈 사안이다. 자전거를 타고 식당에 나타난 줄리앙은 자신의 명성과 어울리지 않게 〈탈합치 연합〉은 어쩌면 "작은 종교 집단"일지도 모른다고 토로했다. 지구화된 자본주의 체제로 변해버린 세계 속에서 불만도 소용 없고 진부한 설득도 큰 의미는 없다. 각자가 자기 삶 속에서, 그리고 자기가 속한 사회에서 고착화되어 가는 합치 이데올로기에 조금씩 균열을 낼 뿐이다. 다행히 〈탈합치 연합〉은 활발한 활동을 이어가고 있다. 믿기지 않는 양의 번역과 양질의 글을 출간해 오고 있는 실력 있는 철학 교수들, 문학 교수들, 정신분석가, 건축가, 신학자, 예술가, 화가, 경제학자, 수학자, 번역가, 역사학자, 조경 전문가,

음악가, 연극인 등 전 분야의 전문가들이 '탈합치 작업장'에 모여 매달 몇 차례에 걸쳐 의미 깊은 논의를 펼치고 그 결과물을 발행하고 있다.

줄리앙은 철학의 맹점을 강조한 바 있다. 철학은 여론 체제와 탈합치하며 청취율에 개의치 않고자 한다. 철학은 구호를 외치고 광고하는 것이 아니다. 철학은 진전이 힘들고 느리다. 철학은 조용히 공들여 개념을 창출하고 개념으로 세상에 개입하는 작업이다. 오늘날 전 세계에 퍼진 커뮤니케이션의 발달로 사회생활이 끝난 이후 현대인이 갖는 빈 시간을 짧은 호흡의 영상물이나 글이 잠식하고 있다. 철학은 긴 호흡의 작업이기 때문에 이 세계에서 입지가 좁아질 수밖에 없다. 그러나 어떤 사건이 발생하고 바로 그날 저녁 감히 평론을 내놓는 '여론' 지식인들은 보노라면 자본의 무서운 힘 때문에 섬뜩해진다. 철학 '종사자'는 '미네르바의 올빼미는 황혼 녘에 날개를 편다'는 헤겔의 말을 따라야 할까, 아니면 정리되지 않은 말이라도 매일매일 세상에 나가 내뱉어야 할까?

줄리앙은 새로운 개념의 창출을 통해 책으로 저항하는 투쟁가이다. 그는 『탈합치』 한국어판 서문에서 "한 사상가는 이미 사유된 것으로부터, 그리고 자기 스스로 이미 사유한 것으로부터 탈합치할 때 비로소 사상가일 수 있다"라고 선언했다. 현재까지 온전히 혼자 집필한 47권의 단행본, 여러 대담집까지 포함하면 50권이 훌쩍 넘는 작품을 세상에 내놓은 줄리앙의 다음 저작에서 어떤 새로운 가능성이 열릴지 기다릴 뿐이다.

옮긴이 후기

프랑수아 줄리앙의 작품을 읽고 정리해 온 지 어느새 15년 정도 흘렀다. 많은 강의에서 줄리앙 사유를 다루었고 그의 저작 강독도 여러 차례 진행했으며, 그의 주요 저작 세 권도 번역했고 그의 다른 작품에 대한 세미나도 수년간 진행했기 때문에 역자에게 줄리앙의 언어, 개념, 나아가 뉘앙스까지도 친숙한 편이다. 그러나 이번 번역은 힘들었다. 『고요한 변화』가 특히 난해하거나 분량이 많았기 때문이 아니다. 전혀 다른 차원의 이유 때문이다.

　‘탈합치와 번역’에 관한 논문을 쓰며 번역의 개념 자체를 고민할 기회가 있었다. 2021년 12월 〈탈합치 연합〉에서 주최한 국제학술대회 〈탈합치: 신학에서 정치로〉에서 「형이상학, 문화, 공동체」 Le métaphysique, le culturel, le communautaire라는 제목으로 논문 발표를 진행하고 번역에 관한 짧은 발표를 한 후,『탈합치 작업장』Chantiers de la décoïncidence이라는 공동 저작에 실릴 논문 「탈합치와 번역」 Décoïncidence et traduction을 집필하면서 『고요한 변화』를 번역했다. 번역학에 대한 고민은 자연스럽게 번역의 방식에 의문을 던지게 했다. 특히 발터 벤야민Walter Benjamin의 수수께끼 같은 논문 「번역가의 과제」는 역자를 미궁에 빠져들게 했다. 이 논문을 탁월하게 해석한 번역학의 거장 앙투안 베르망Antoine Berman은 '모든 큰 언어는 번역을 포함한다'고 강조한 바 있는데, 역자는 이에 깊이 공감한다.

우리는 두 언어의 각 낱말들이 일대일 대응 관계에 있다고 착각하곤 한다. 그러나 같은 어족에 속하지 않는 언어들이 합치 관계를 갖지 않는다는 것은 자명하다. 서양의 근대 학문을 수용하면서 많은 학술 용어가 일본에서 한자어로 번역되어 우리에게 다시 수입된 것은 잘 알려진 사실이다. 근대 학술 용어를 사용할 때는 이한섭 교수님의 노작勞作『일본에서 들어온 우리말 어휘 5800』같은 저작은 늘 들여다봐야 한다고 생각한다.

독자들이 감지했을지 모르겠지만 이번 번역 작업에서 역자로서는 작은 사유 실험을 했다. 오늘날의 한국어를 쓸 때, 특히 학술 활동을 할 때 피하기 힘든 글자인 '적'的을 사용하지 않았다. 이 글자는 모두가 아는 한문이지만, 특히 일본에서 서양어를 번역하기 위한 특수한 용법으로서 크게 활용되기 시작했다. 이 글자는 명사를 형용사·관형사·부사로 순식간에 바꾸는 효력을 발휘한다. 일례로 'system-systematic-systematically'를 우리는 '체계–체계적–체계적으로' 또는 '조직–조직적–조직적으로'로 쉽게 변환한다. 근대 일본인들은 일본어에서 '적'이 'teki'로 발음된다는 점에 의거하여 서양어의 '-tic'을 'teki'로 대체했다. 이렇게 마치 서양어와 동양어 사이에 일대일 대응 관계가 성립되는 것처럼, 명사 하나만 주어지면 어휘 수가 세 배로 확장되면서 서양 학술 용어들이 쉽게 옮겨진다. 근대 이전 시기의 우리글을 보면 '적'의 이런 용법은 당연히 없다. 물론 과거의 우리말로 되돌아가자거나 언어의 변천을 부정하자는 것이 아니다. 『탈합치』에서 줄리앙은 『잃어버린 시간을 찾아서』의 주인공 중 한 명이 자기가 아끼던 도자기를 포장해 두는 일화를 소개하는데, 이는 도자기가 있는지조차 모르게 되자 그것을 자각이라도 하려는 시도이다. '적'의 사용이 깊게 습관되어 있던 역자로서는 이 글자를 사용하지 않는 실험을 하면서 대체 낱말을 찾아야 했고 때로는 문장 구조 전체를 바꾸는 등, 번역어와 우리말 사체에 대해 다시 성찰해야 했다. 그동안 생각조차 하지 않던 언어 습관에 대해 자각한 것은 큰 소득이었다. 물론 이런 시도는 일회성에 그칠지 모른다. 아마도 다음 작업에서는 여기에 매이지 않을 가능성이 크다. 특정 단어를 쓰지 않으려 매달리는 것도 합치이기 때문이다. 탈합치에서도 탈합치해야 한다.

수년 전부터 역자는 학생, 동료 교수, 번역가 등과 함께 프랑수아 줄리앙 선생님의 원전 강독 세미나를 진행해 왔다. 여러 원전 중 번역 출간으로 이어진 것도 있고 강독으로 마무리된 것도 있다. 『고요한 변화』의 번역 작업은 여러 이유로 번역가들만 남은 세미나였다. 줄리앙 선생님이 번역을 요청하셨고, 역자로서도 유럽-중국의 맞대면이 집성된 저작이라고 생각하는 『존재하기에서 살기로』를 번역가들과 강독하던 중, 국내 독자에게 접근성이 보다 용이한 저작을 먼저 옮기기로 결정하면서 『고요한 변화』를 선택한 것이다. 이런 방향 전환을 흔쾌히 받아들이고 이 저작 원전을 꼼꼼히 두 번이나 함께 강독한 엄미영, 오정은 번역가 선생님들께 감사의 뜻을 전한다. 그리고 이 두 번역가를 역자에게 소개해 주신 이화여대 통번역대학원 최미경 교수님께 사의를 표하고 싶다. 최교수님께서는 2019년 프랑수아 줄리앙의 방한 첫 번째 행사인 교보문고 대산재단 강연 때 동시통역을 탁월하게 수행해 주신 분이다. 철학 영역의 동시통역이 얼마나 어렵고, 얼마나 큰 긴장감을 일으키는 작업인지 역자는 잘 알고 있다. 두 제자를 역자에게 소개해 주신 덕분에 원전 강독 이후에도 함께 번역팀을 이루어 다른 작업을 진행하고 있다. 이 인연에 대해 감사드린다.

2023년 6월 줄리앙 선생님께서 방한하신다. 동서 문화 간 대화를 위해 줄리앙 선생님께서 왕부지의 사유를 많이 활용하신바, 왕부지의 『주역』 사상을 전공하시고 서양 철학도 두루 탐구하신 도올 김용옥 선생님께 줄리앙 선생님과 함께할 강연 및 대담을 요청했고 도올 선생님께서 기쁘게 수락해 주셨다. 이후 역자의 줄리앙 작품 번역을 읽고 당신의 여러 강의에 반영해 주고 계신다. 도올 선생님의 순수함과 명쾌함에 존경과 감사의 뜻을 표한다.

마지막으로 프랑수아 줄리앙 선생님께 사의를 표하지 않을 수 없다. 『문화적 정체성은 없다』, 『탈합치』에 이어 『고요한 변화』의 번역 작업 과정을 응원해 주셨고 판권 및 출판 관련 절차까지도 깊은 배려로 해결해 주셨다. 철학자는 플라톤이 말하듯이 자기 구두끈도 못 매고 그것을 자부하는 사람이 아니다. 현실과 사상을 모두 잡을 줄 아는 사람이어야 한다. 역자가 생각하는 지성인의 모습으로 많은 제안과 지원을 해주시는 줄리앙 선생님께 깊이 감사드린다.

Lu Xun, écriture et révolution(루쉰, 글쓰기와 혁명), Presses de l'Ecole normale supérieure, 1979.

La Valeur allusive. Des catégories originales de l'interprétation poétique dans la tradition chinoise(암시의 가치: 중국 전통에서 시 해석의 근본 범주), Ecole française d'Extrême-Orient, 1985; PUF, 2002 재출간.

Procès ou création. Une introduction à la pensée des lettrés chinois(운행과 창조: 중국 문사들의 사유 입문), Seuil, 1989; Le Livre de poche, 1996 재출간. [『운행과 창조』, 유병태 옮김, 케이시, 2003.]

Eloge de la fadeur(무미예찬), Philippe Picquier, 1991; Le Livre de poche, 1993, 2004 재출간. [『무미예찬』, 최애리 옮김, 산책자, 2010.]

Propension des choses. Pour une histoire de l'efficacité en Chine(사물의 성향: 중국에서 효율성의 역사), Seuil, 1992; Seuil, 2003 재출간. [『사물의 성향』, 박희영 옮김, 한울아카데미, 2009.]

Figures de l'immanence. Pour une lecture philosophique du «Yiking», le Classique du changement(내재성의 그림: 『역경』에 대한 철학 차원의 독해), Grasset, 1993; Le Livre de poche, 1995, Seuil, 2012 재출간.

Fonder la morale. Dialogue de Mencius avec un philosophe des Lumières(도덕의 확립: 맹자와 계몽주의 철학자의 대화), Grasset, 1995; Dialogue sur la morale(도덕에 관한 대화), Le Livre de poche, 1998 재출간. [『맹자와 계몽철학자의 대화』, 허경 옮김, 한울아카데미, 2004.]

Le Détour et l'accès. Stratégies du sens en Chine, en Grèce, (우회와 접근: 중국과 그리스에서 의

미 전략), Grasset, 1995; Le Livre de poche, 1997, Seuil, 2010 재출간.

Traité de l'efficacité(효율성 논고), Grasset, 1997; Le Livre de poche, 2002 재출간.

Un sage est sans idée. Ou l'autre de la philosophie(현자는 관념이 없다: 철학의 타자), Seuil, 1998; Seuil, 2013 재출간. [『현자에게는 고정관념이 없다』, 박치완·김용석 옮김, 한울 아카데미, 2009.]

De l'essence ou du nu(본질 또는 누드에 관하여), Seuil, 2000; *Le Nu impossible*(불가능한 누드), Seuil, 2005 재출간. [『불가능한 누드』, 박석 옮김, 들녘, 2019.]

Penser d'un dehors(La Chine)(바깥 ─ 중국 ─ 으로부터 사유하기), Seuil, 2000.

Du «temps», éléments d'une philosophie du vivre(시간에 관하여: 삶의 철학의 요소들), Grasset, 2001; Le Livre de poche, 2012 재출간.

La grande image n'a pas de forme. Ou du non-objet par la peinture(큰 그림은 형상이 없다: 회화에 의한 비-대상에 관하여), Seuil, 2003; Seuil, 2009 재출간.

L'Ombre au tableau. Du mal ou du négatif(그림의 그림자: 악 또는 부정에 관하여), Seuil, 2004; *Du mal/Du négatif*(악과 부정에 관하여), 2006 재출간.

La Chaîne et la Trame. Du canonique, de l'imaginaire et de l'ordre du texte en Chine(경위經緯: 중국에서 경전, 상상, 텍스트의 질서), PUF, 2004.

Nourrir sa vie. A l'écart du bonheur(양생: 행복과의 간극에서), Seuil, 2005; Seuil, 2015 재출간. [『장자, 삶의 도를 묻다』, 박희영 옮김, 한울아카데미, 2014.]

Conférence sur l'efficacité(효율성에 관한 강연), PUF, 2005; PUF, 2020 재출간. [『전략: 고대 그리스에서 현대 중국까지』, 이근세 옮김, 교유서가, 2015.]

Si parler va sans dire. Du logos et d'autres ressources(무엇인가를 말하지 않고 말할 수 있다면: 로고스, 그리고 다른 자원들), Seuil, 2006.

Chemin faisant. Connaître la Chine, relancer la philosophie. Réplique à ***(여정에서: 중국의 인식과 철학의 재가동, ***에 대한 재반박), Seuil, 2007.

De l'universel, de l'uniforme, du commun et du dialogue entre les cultures(보편, 단형, 공통 그리고 문화들 간의 대화), Fayard, 2008; Seuil, 2011 재출간.

Les Transformations silencieuses(고요한 변화), Grasset, 2009; Le Livre de poche, 2010 재출간.

L'invention de l'idéal et le destin de l'Europe(이상의 발명과 유럽의 운명), Seuil, 2009; Gallimard, 2017 재출간.

Le Pont des singes. De la diversité à venir(원숭이 다리: 미래의 다양성에 관하여), Galilée, 2010; Gallimard, 2020 재출간.

Cette étrange idée du beau(이 이상한 미의 관념), Grasset, 2010; Le Livre de poche, 2011 재출간.

Philosophie du vivre(삶의 철학), Gallimard, 2011; Gallimard, 2015 재출간.

Cinq concepts proposés à la psychanalyse(정신분석학에 제안한 다섯 개의 개념), Grasset, 2012; Le Livre de poche, 2013, 2014 재출간.

Entrer dans une pensée ou des possibles de l'esprit(사유로의 진입, 또는 정신의 가능성), Gallimard, 2012; Gallimard, 2018 재출간.

L'écart et l'entre(간극과 사이), Galilée, 2012; Gallimard, 2018 재출간.

De l'intime. Loin du bruyant Amour(내밀에 관하여: 소란스러운 사랑과 거리가 먼) Grasset, 2013; Le Livre de poche, 2014 재출간.

L'archipel des idées de François Jullien(프랑수아 줄리앙 사상 선집), Editions de la Maison des sciences de l'homme, 2014.

Vivre de paysage. Ou l'impensé de la raison(풍경의 체험: 또는 이성의 사유하지 않은 것), Gallimard, 2014; Gallimard, 2022 재출간. [『풍경에 대하여』, 김설아 옮김, 아모르문디, 2016.]

L'Etre au vivre. Lexique euro-chinois de la pensée(존재하기에서 살기로: 사유에 대한 유럽-중국 색인), Gallimard, 2015; *La Pensée chinoise. En vis-à-vis de la philosophie*(중국 사유: 철학과의 맞대면), Gallimard, 2019 재출간.

Il n'y a pas d'identité culturelle(문화적 정체성은 없다), L'Herne, 2016. [『문화적 정체성은 없다』, 이근세 옮김, 교유서가, 2020.]

Près d'elle. Présence opaque, présence intime(그녀 곁, 불투명한 현전, 내밀한 현전), Galilée, 2016; Gallimard, 2020 재출간.

Vivre en existant: Une nouvelle Éthique(실존하면서 살기: 새로운 윤리), Gallimard, 2016.

Dé-coïncidence. D'où viennent l'art et l'existence(탈합치, 예술과 실존의 유래), Grasset, 2017; Le Livre de poche, 2020 재출간. [『탈합치, 예술과 실존의 유래』, 이근세 옮김, 교유서가, 2021.]

Une seconde vie(제2의 삶), Grasset, 2017; Le Livre de poche, 2018 재출간.

Si près, tout autre. De l'écart et de la rencontre(가깝다면 완전한 타자: 간극과 만남에 관하여), Grasset, 2018; Le Livre de poche, 2023 재출간.

Ressouces du Christianisme(기독교의 자원), L'Herne, 2018.

De l'écart à l'inouï(간극과 전대미문), L'Herne, 2019.

L'inoui, ou l'autre nom de ce si lassant réel(전대미문, 또는 이 극히 지겨운 실재의 다른 이름), Grasset, 2019; Le Livre de poche, 2021 재출간.

De la vraie vie(참된 삶), L'Observatoire, 2020; Le Livre de poche, 2022 재출간.

Politique de la dé-coïncidence(탈합치의 정치), L'Herne, 2020.

Ce point obscur d'où tout a basculé(모든 것이 기울게 된 모호한 지점), L'Observatoire, 2021;

Alpha, 2023 재출간.

L'incommensurable(통약 불가능), L'Observatoire, 2022.

Moïse ou la Chine(모세 또는 중국), L'Observatoire, 2022.

La transparence du matin(아침의 투명), L'Observatoire, 2023.

Rouvrir des possibles(가능성을 다시 열다), L'Observatoire, 2023.